Anna-Lisa Müller

Sprache, Subjekt und Macht bei Judith Butler

Anna-Lisa Müller

Sprache, Subjekt und Macht bei Judith Butler

Tectum Verlag

Anna-Lisa Müller

Sprache, Subjekt und Macht bei Judith Butler
ISBN: 978-3-8288-9835-6

Besuchen Sie uns im Internet
www.tectum-verlag.de

Bibliografische Informationen der Deutschen Nationalbibliothek
Die Deutsche Nationalbibliothek verzeichnet diese Publikation in der Deutschen Nationalbibliografie; detaillierte bibliografische Angaben sind im Internet über http://dnb.ddb.de abrufbar.

Inhaltsverzeichnis

Zusammenfassung

Die vorliegende Arbeit beschäftigt sich mit der Kulturtheorie der US-amerikanischen Sprachphilosophin Judith Butler. Der Fokus liegt dabei auf vier Werken, die über den Zeitraum von 1991 bis 1998 in Deutschland erschienen sind: *Das Unbehagen der Geschlechter*, *Körper von Gewicht*, *Haß spricht* und *Psyche der Macht.* Diese Werke werden auf die Konzepte der Sprache, des Subjekts und der Macht hin untersucht. Zudem werden die Verbindungen zwischen diesen Konzepten aufgezeigt und das Konzept der Performativität als das sie verbindende Element nachgezeichnet. Im Besonderen geht es darum, die Bedeutung der Sprache für die kulturtheoretische Konzeption Butlers herauszuarbeiten. Dabei steht meine These zur Disposition, nach der das Konzept der Sprache von entscheidender Bedeutung für Butlers Theorie ist. Butler gelangt von einem in *Das Unbehagen der Geschlechter* verwendeten diskursiven Sprachgebrauch, der sich vor allem an Michel Foucaults Begriff des Diskurses orientiert, zu einem Konzept von Sprache, das – explizit ausgearbeitet in *Haß spricht* – auf John L. Austins Theorie der Sprechakte zurückgreift und diese mit Foucaults Diskurskonzept verbindet. Für dieses Sprachkonzept spielen Jacques Derridas Konzept der Iterierbarkeit und Louis Althussers Konzept der Anrufung eine entscheidende Rolle, ebenso wie verschiedene psychoanalytische Ansätze, die von Butler auf den Aspekt der Sprache übertragen werden.

Das Sprachkonzept ist nach meiner These dasjenige, auf das sich die anderen beiden Konzepte der Macht und des Subjekts beziehen und von welchem sie in entscheidendem Maß abhängig sind. Wie auch das Konzept der Sprache weisen sie im Verlauf der Butler'schen Arbeiten trotz verschiedener Verschiebungen im Schwerpunkt eine relative Kontinuität auf und stehen durchgängig in gegenseitiger Wechselwirkung. Alle drei Konzepte sind daher nicht ohne einander zu denken und bilden zusammen mit dem Konzept der Performativität das Gerüst für Butlers Kulturtheorie.

Butlers Theorie der Sprache bildet dabei in folgender Weise die Grundlage dieser Kulturtheorie, auf der die Konzepte der Macht und des Subjekts aufbauen: Durch sprachliche Prozesse, nämlich die diskursive Zuweisung von Subjektpositionen und die im Diskurs stattfindende Benennung, wird das Individuum über die Subjektivation zu einem sogenannten intelligiblen Subjekt und kann erst nach dem Vollzug dieser Entwicklung als Teil der gesellschaftlichen Gemeinschaft bedeutungsvoll handeln. Das Subjekt entsteht also in (un-)mittelbarer Abhängigkeit von der Sprache und ist nach Butlers Auffassung ohne diese Beziehung nicht zu denken. Diese Zuweisung der Subjektposition stellt zudem eine Machtbeziehung dar, die mit Hilfe der Sprache auf das so entstehende Subjekt wirkt und bestimmte Ausschließungsprozesse impliziert. Gleichzeitig ist das Subjekt nach dieser Konstituierung als gesellschaftliches Subjekt in der Lage, ebenfalls Macht auszuüben, nicht zuletzt unter Zuhilfenahme der Sprache und als Initiator weiterer Benennungsprozesse.

Diese Wechselbeziehungen, die sich zwischen den einzelnen Konzepten ergeben und sie in eine gegenseitige Abhängigkeit führen, werden von Butler anhand des Konzepts der Performativität verdeutlicht. Dieses hebt zum einen den darstellerischen Charakter der Handlungen des Subjekts hervor, zum anderen betont es, in welchem Maß die Subjektwerdung von Wiederholungen und schon vorhandenen Normen und Machtbeziehungen abhängig ist, die nicht zuletzt über die Sprache zitiert und aktualisiert werden. Dieser Rückgriff auf Bestehendes ermöglicht zudem, und dies stellt einen weiteren wichtigen Aspekt von Butlers Kulturtheorie dar, die Möglichkeit der Subversion und der Veränderung. Dieses Potential der Modifikation, z.B. von gesellschaftlichen Strukturen, ist entscheidend für die Erklärung gesellschaftlicher Phänomene und Prozesse, um die es Butler in ihren Arbeiten auch geht.

Den Abschluss dieser Arbeit bildet eine Ausweitung der Fragestellung, in der es darum geht, die Kulturtheorien Judith Butlers und Pierre Bourdieus zueinander in Beziehung zu setzen. Ich gehe dabei davon aus, dass sich Butler in ihren früheren Werken konzeptionell stärker von Bourdieu abgrenzt, als sie dies später in *Haß spricht* tut. Dies eröffnet meiner Ansicht nach die Möglichkeit, das Butler'sche Sprachkonzept mit dem Bourdieus zu verbinden, welches stärker auf die Stabilität von Positionen der Subjekte in einer Gesellschaft und deren Abhängigkeit von einem bestimmten sprachlichen Kapital eingeht, und so zu einer Theorie gesellschaftlichen Handelns zu gelangen, die der Komplexität postmoderner Gesellschaften Rechnung tragen kann.

1 Einleitung

Diese Arbeit behandelt die drei zentralen Aspekte Sprache, Macht und Subjekt der Kulturtheorie der Sprachphilosophin Judith Butler, anhand derer ich ihre Theorie nachzeichnen möchte. Zugrunde liegen dabei in erster Linie vier zentrale Werke Butlers, die seit ihrem Erscheinen von Beginn der 1990er an auch im deutschsprachigen Raum verstärkt rezipiert werden: *Das Unbehagen der Geschlechter*, *Körper von Gewicht*, *Psyche der Macht* und *Haß spricht.* Butler wurde sicherlich mit ihrem 1991 in Deutschland erschienenen Buch *Das Unbehagen der Geschlechter* einer größeren Leserschaft bekannt, doch führte dies auch dazu, dass sie in der Rezeption vor allem mit der Auseinandersetzung um Fragen der Geschlechtszugehörigkeit und -identität in Verbindung gebracht wurde und weiterhin wird. Dieser Aspekt wird in meiner Arbeit nur insofern eine Rolle spielen, als er das theoretische Konzept an einigen Stellen recht gut illustrieren kann; der Fokus der Arbeit liegt aber darauf, aufzuzeigen, wie sich die Konzepte der Sprache, des Subjekts und der Macht in ihren Arbeiten argumentativ entwickeln, wie sie aufeinander aufbauen und durch das Konzept der Performativität verbunden und zusammengehalten werden und dadurch ihre Wirksamkeit entfalten. Dabei soll auch dieses verbindende Element der Performativität kritisch untersucht werden, um zu zeigen, wie solch ein übergreifendes Konzept auch Aussagekraft verlieren kann, wenn es exzessiv genutzt wird. Meine These ist, dass sich Butlers Sprachbegriff von einem diskursiven zu einem stärker performativ orientierten Begriff entwickelt und dieses Sprachverständnis die Basis für die von ihr entwickelten

Konzepte von Subjekt und Macht bildet. Geht man von einer triadischen Konstellation Sprache – Macht – Subjekt aus, die mit Hilfe der Performativität zusammengehalten wird (schematisch dargestellt als eine auf dem Kopf stehende Pyramide), bildet das Konzept der Sprache das entscheidende Bindeglied (die Spitze der Pyramide).

Das Thema dieser Arbeit bewegt sich dabei zwischen den Grenzen, die sich auch heute noch zwischen den verschiedenen geistes- und sozialwissenschaftlichen Disziplinen auftun und aller Interdisziplinarität zum Trotz recht starr geblieben sind. Diese Arbeit überschreitet diese Grenzen, da sie zeigt, in welcher Form Butler ihre Theorie unter Rückgriff auf die Konzepte der verschiedenen Disziplinen formuliert. Trotz der verschiedenen Bezüge dieser Arbeit – vor allem zur Philosophie, Sprachwissenschaft, Kulturwissenschaft und zur Psychoanalyse – verorte ich sie auch und im Besonderen im Feld der Soziologie, da es ihr grundlegend darum geht, eine Kulturtheorie nachzuzeichnen, die die (Aus-)Wirkungen von Sprache auf Macht(-positionen) und Subjektformen in den gesellschaftlichen Kontext stellt. Dies bedeutet, in erster Linie aufzuzeigen, welchen Einfluss Sprache und insbesondere Sprechakte darauf haben, wie sich Wirklichkeit darstellt, wie sich gesellschaftliche Ordnungen etablieren und festigen und wie sie auch wieder in Frage gestellt und verändert werden. Ein besonderer Fokus liegt dabei auf den Formen, die das gesellschaftliche Subjekt annehmen und einnehmen kann; ausgegangen wird dabei von einem Subjektbegriff, der dieses Subjekt nicht als ein autonomes und unveränderliches begreift, sondern als ein vom Diskurs abhängiges und durch den Diskurs geprägtes. Somit stellt das Konzept des dezentrierten Subjekts eine tragende Stütze dieser Arbeit dar, die dahingehend untersucht wird, wie sich Sprache und Machtverhältnisse auf es auswirken bzw. es erst bedingen.

Andere wichtige Ansätze der Nachbardisziplinen sollen dabei zwar nicht außen vor gelassen werden, da dies eine signifikante Verkürzung der Thematik darstellen würde, aber im Rahmen dieser Arbeit kann ihnen auch nicht der Raum eingeräumt werden, der ihnen eigentlich zustehen würde. In besonderem Maße gilt dies für die Konzepte der Psychoanalyse und der Gender Studies, denen in Judith Butlers Arbeiten zentrale Funktionen zukommen. Sie werden in dieser Arbeit zur Sprache kommen, allerdings nur insoweit, als sie entscheidend zu der Ausarbeitung der These beitragen können. Alles darüber hinausgehende muss an anderer Stelle untersucht werden.

1.1 Judith Butler in der Soziologie

Judith Butler gilt als eine der bedeutendsten poststrukturalistischen Theoretikerinnen der Gegenwart.[1] Der Poststrukturalismus bezeichnet dabei insgesamt eine Theorierichtung, die als Reaktion auf den Strukturalismus entstanden ist und den Fokus stärker auf die Veränderbarkeit und die Dynamiken von Strukturen und (Zeichen-)Systemen richtet.[2] Butlers Werke werden innerhalb der Soziologie vor allem in der Kultursoziologie rezipiert. Wie im nächsten Abschnitt genauer dargestellt wird, ist die Form der Rezeption allerdings nicht unproblematisch. Insgesamt lässt sich jedoch sagen, dass sich Butler im Feld der postmodernen Soziologie verorten lässt, deren zentrale Themen u.a. die Dezentrierung des Subjekts, die Fokussierung der Heterogenitäten sowie die Frage nach den vielfältigen Machtstrukturen sind. Ist die Dezentrierung des Subjekts – als eines von Butlers Themen – heutzutage kein Grenzbereichthema der Soziologie mehr, das

---

1 Vgl. Kämpf (2006), S. 246.

2 Der Begriff >Poststrukturalismus< mit der ihm inhärenten Doppeldeutigkeit des Präfix >post< ist Ausdruck für diese Abhängigkeit vom Strukturalismus: zum einen in zeitlicher Hinsicht als chronologisch später auftretende Theorierichtung, zum anderen als auf dem Strukturalismus aufbauende und ihn verändernde Konzeption.

nur von einigen wenigen Wissenschaftlern[3] bearbeitet wird, so stellt Butler für die soziologische Diskussion insofern eine Herausforderung dar, als sie sprachphilosophische Konzepte in die Theorie der gesellschaftlichen Praxis zu integrieren versucht und ein interdisziplinäres Konzept entwirft, dessen Anliegen es ist, psychoanalytische, soziologische und politikwissenschaftliche Aspekte mit philosophischen und linguistischen zu verknüpfen. Ziel ist es, eine Kulturtheorie zu entwickeln, die die Phänomene der Moderne und Postmoderne nachzuvollziehen und zu erklären beansprucht.

Im Zusammenhang mit Butlers Arbeiten wird deutlich, wie wichtig der Paradigmenwechsel war, der sich im 20. Jahrhundert unter der Bezeichnung *linguistic turn* vollzogen hat, der sich, von der Linguistik kommend, auf die anderen Wissenschaften ausbreitete und den Fokus auf die Bedeutung der Sprache richtete. Die Anfänge dieses Paradigmenwechsels lassen sich schon bei Kant finden, der sich in den *Kritiken* nicht mehr allein, wie bis dahin üblich, mit ontologischen Fragen beschäftigte, sondern den Blick stärker auf die Kategorien richtete, durch die das Subjekt die Dinge wahrnimmt. In Wittgensteins *Tractatus* heißt es dann später, dass die Grenzen der eigenen Sprache auch die Grenzen der eigenen Welt bedeuten,[4] und für Wilhelm von Humboldt wird die Annahme zentral, dass Denken nur durch und in Sprache stattfinden kann.[5] Als zentrales Thema für die Wissenschaften etablierte sich diese Betonung der Begriffskategorien und die Vorstellung der Bedingtheit der Wahrnehmung der Welt durch sprachliche Kategorien dann vor allem im 20. Jahrhundert, als die Linguistik begann, sich mit den Wechselwirkungen von Sprache, Denken und Wirklichkeit[6] zu beschäftigen. Dies strahlte auch in die anderen Disziplinen, darunter die

[3] Aus Gründen der Lesbarkeit wird in dieser Arbeit darauf verzichtet, sowohl die männliche als auch die weibliche Form zu benutzen. Gemeint sind natürlich in allen Fällen beide.

[4] Vgl. Braun (1996), S. 3 und S. 36ff.

[5] Vgl. Braun (1996), S. 27f.

[6] So ein Titel von Benjamin Lee Whorf aus dem Jahr 1956.

Soziologie, aus, wurde aber vor allem für die Philosophie bedeutsam, die nun vor allem als Sprachkritik verstanden wurde.[7]

Eine Entwicklung, die ähnlich wie der *linguistic turn* verlief bzw. sich auf diesem aufbauend in den Sozialwissenschaften vollzog,[8] war der so genannte *cultural turn*, der den Fokus auf die kollektiv geteilten Sinnsysteme richtete.[9] Damit ist gemeint, dass die Zusammenhänge zwischen formulierten Theorien und beschriebenen Phänomenen stärker ins Blickfeld gerieten und, ähnlich wie im Fall des *linguistic turn*, u.a. die Tatsache Beachtung fand, dass sozialen Phänomenen erst durch ihre Beschreibung in wissenschaftlichen Theorien eine bestimmte Bedeutung zukommt. Wissenschaftliche Theorien beschreiben also »nicht unabhängig von ihnen selbst vorfindbare Bedeutungen der Welt, sie produzieren erst diese Bedeutungen auf kontingente Weise.«[10] Diese Verschiebung ist im Zusammenhang mit Butlers Kulturtheorie von entscheidender Bedeutung: Sprache und damit eine Form der (sprachlichen) Zuweisung und Identitätsbildung sind entscheidend für die von den Subjekten als ›wirklich‹ und ›wahr‹ angenommenen gesellschaftlichen Verhältnisse und Lebensformen und die dafür notwendigen Naturalisierungsstrategien. Dabei zeigt sich aber auch, dass Butlers Ansatz in der Kulturwissenschaft im Allgemeinen und in der Soziologie im Speziellen immer noch etwas Besonderes ist. Zwar kommt der Sprache spätestens seit dem *linguistic turn* größere Aufmerksamkeit zu, doch die Komplexität des Butler'schen Ansatzes, der eine Sprachphilosophie in eine Theorie gesellschaftlichen Handelns einbettet, wird selten erreicht. Aus diesem Grund ist es meiner Ansicht nach generell vonnöten, die weniger stark rezipierten, aber mindestens ebenso wichtigen Aspekte von Butlers

[7] Vgl. z.B. Braun (1996), S. 29ff.
[8] Vgl. Reckwitz (2006), S. 33, Anm. 27.
[9] Vgl. Reckwitz (2006), S. 18f.
[10] Reckwitz (2006), S. 23.

Kulturtheorie ins Licht der (nicht nur soziologischen) Aufmerksamkeit zu rücken.

1.1.1 Butlers zentrale Themen

Wie schon im vorangegangenen Abschnitt angesprochen, ist die Wahrnehmung der von Butler behandelten Themen in vielen Fällen eine verzerrte. Beschäftigt sie sich in ihrer Dissertation *Subjects of Desire* mit dem Phänomen des Begehrens bei Hegel, wird dieser Aspekt in *Das Unbehagen der Geschlechter* weitergeführt und im Zusammenhang mit der Frage nach der Geschlechtsidentität bearbeitet. In den folgenden zwei Werken, die in dieser Arbeit Berücksichtigung finden, *Körper von Gewicht* und *Psyche der Macht*, verschiebt sich der Fokus dann auf die Frage nach dem Körper auf der einen Seite und der psychischen Dimensionvon Machtbeziehungen auf der anderen Seite. Beide Werke können sicherlich, wie häufig geschehen, vor dem Hintergrund der Frage nach der Geschlechtsidentität und der Subjektkonstitution gelesen werden. Allerdings bietet sich auch ein anderer Schwerpunkt an, dem vor allem dann Bedeutung zukommt, wenn man auch noch *Haß spricht* hinzunimmt und nach einer übergreifenden Thematik sucht. Dieses als letztes der vier hier primär behandelten Werke erschienene Buch beschäftigt sich mit der Bedeutung von Sprache und Bedeutungszuschreibungen im gesellschaftlichen Kontext sowie der Möglichkeit der subversiven Umdeutung von sprachlichen Zuschreibungen. Meiner Ansicht nach lassen sich diese Aspekte auch in den früheren Werken Butlers finden, und zwar an zentralen Stellen ihrer Argumentation, so dass ich hier die Ansicht vertrete, dass die Bedeutung von Sprache bei Butler wenn nicht immer im Vordergrund, so doch immer (auch) im Zentrum ihrer Auseinandersetzung mit Subjekt- und Machtformen steht, die sie im Verlauf ihrer Arbeiten zunehmend in den politisch-praktischen Bereich übertragen hat.

Vor dem Hintergrund dieser Überzeugung werde ich weiter unten auch die Vorgehensweise in dieser Arbeit entwickeln.

1.1.2 Butlers Methode der Genealogie

Die von Butler angewandte Methode der Genealogie zeugt von ihrer theoretischen Nähe zu Foucault, an den angelehnt sie ihre Analysen vornimmt. Foucault steht mit der von ihm formulierten Genealogie[11] in der Tradition Nietzsches und bezeichnet mit dieser Methode die Analyse der durch bestimmte, z.B. epochenspezifische, Diskurse hervorgebrachten Wissensformen und die Aufdeckung von Naturalisierungsstrategien, die innerhalb dieser Diskurse und Machtfelder angewendet werden, um die Wirkmechanismen zu verschleiern. Dies ist auch der Kontext, in dem Macht bei Foucault als produktiv verstanden wird. Foucault geht es in der Genealogie in erster Linie um die Macht-Wissen-Beziehung und die Frage, wie die durch den Diskurs hervorgebrachten Strukturen auf Seiten der Akteure inkorporiert werden, d.h., im Gegensatz zur Archäologie als einer Analyse von Aussagesystemen innerhalb einer episteme liegt hier der Fokus stärker auf den handelnden Subjekten. Dies bedeutet allerdings nicht, dass dem Subjekt wie in der Moderne die Rolle des ursprünglich Handelnden zukommt, denn der Primat des Diskurses bleibt weiterhin bestehen; trotzallem ist diese Form der Wissensanalyse sehr viel stärker handlungsorientiert als die in der Archäologie formulierte, textualistische. Der Unterschied zwischen Butler und Foucault besteht nun darin, dass es ihr um eine »ahistorische, rein sprach- und begriffslogische Analyse von Kategorien«[12] geht.

[11] Vgl. z.B. Foucault (1983) und (2003).
[12] Bublitz (2002), S. 139, Anmerk. 36.

1.1.3 Die Rezeption Butlers in Deutschland

Das erste Buch, mit dem Butler im deutschsprachigen Raum einem größeren Leserkreis bekannt wurde, war *Das Unbehagen der Geschlechter*. Mit diesem Buch wurde sie aber auch sehr schnell in einer fast ausschließlichen und ihre anderen Themen ausschließenden Weise dem Kontext der gender-Diskussion zugeordnet. Hinzu kommt, dass sie oft nahtlos in der ›traditionellen‹ feministischen Theorie verortet wird. Dies ist bei genauerer Betrachtung äußerst problematisch, da sie sich mit deren Vertreterinnen sehr kritisch auseinandersetzt und u.a. ihre Verhaftetheit innerhalb einer bestimmten kulturellen Matrix kritisiert. Insgesamt hatte diese Form der Rezeption zur Folge, dass ihre Texte, die z.T. weit über die Fragen der Geschlechtsidentität hinausgehen, nicht in ihrer Tragweite erfasst wurden. Dass sie zudem nicht immer leicht zu lesen ist und einige der Themen, gerade ihrer neuesten Bücher, nicht ohne weiteres auf den nichtamerikanischen, z.B. deutschen Kontext übertragbar sind,[13] erschweren bis jetzt eine adäquate Rezeption.

1.2 Vorgehensweise in der Arbeit

Um dem Leser eine adäquate Vorstellung von dem in dieser Arbeit praktizierten Vorgehen zu geben, werden an dieser Stelle die Methode dargestellt sowie die zentralen Texte für diese Arbeit angeführt. Dabei werde ich nur kurz auf die hier hauptsächlich behandelten Werke Butlers eingehen (Kapitel 1.2.2), ohne an dieser Stelle eine befriedigende Zusammenfassung des Gesamtinhalts geben zu können und zu wollen; dies beruht zum einen auf der Tatsache, dass ein guter Teil der zentralen Aspekte im weiteren Ver-

[13] Vgl. z.B. die in *Haß spricht* thematisierte *hate speech* und die dort verarbeiteten Thesen zur Rede- und Meinungsfreiheit in den USA sowie ihre aus den Ereignissen rund um die Anschläge vom 11. September 2001 resultierenden Überlegungen in *Precarious Life*.

lauf der Arbeit zur Sprache kommen wird und ich Redundanz vermeiden möchte, zum anderen liegt es darin begründet, dass einige Aspekte, auf denen in dem jeweiligen Werk Butlers das Hauptaugenmerk liegt, für diese Arbeit eher illustrativen Charakter besitzen und/oder hier nur am Rande vorkommen.

1.2.1 Methode

Ausgangspunkt der Arbeit ist die von mir schon in der Einleitung kurz geschilderte These des Zusammenhangs von Sprache, Macht und Subjektkonzeption. Dabei ist es mein Ziel, mit Hilfe der vier zentralen Werke Butlers theoretisches Konzept nachzuzeichnen, das neben Kontinuitäten auch gewisse Verschiebungen im Fokus aufweist. Damit geht gleichzeitig einher, das Konzept der Performativität, das Butler meiner Ansicht nach zur Verbindung der drei für mich zentralen Aspekte benutzt, darzustellen und dessen Tragweite sowie Ein- und Beschränkungen aufzuzeigen. Um dem Leser einen möglichst anschaulichen Überblick über die Verschiebungen in Butlers Kulturtheorie, die im Verlauf ihrer verschiedenen Veröffentlichungen zu verzeichnen sind, zu geben, ist die Arbeit so strukturiert, dass jedes der vier Hauptwerke in einem eigenen Kapitel auf die dort jeweils formulierten Thesen zur Sprache, zum Machtbegriff und zur Subjektkonzeption hin untersucht wird und die diesbezüglich zentralen Thesen am Ende des jeweiligen Kapitels zusammengefasst werden (Kapitel 2 bis 5). Anschließend werden in einem weiteren Kapitel, das der Zusammenführung der herausgearbeiteten Ergebnisse dient, die erarbeiteten Thesen so zusammengetragen, dass zum einen das von dieser Begriffstriade aufgespannte Netz erfassbar wird, zum anderen die Entwicklungen und Verschiebungen, die diesem Netz im Verlauf der Butler'schen Arbeiten widerfahren, deutlich werden (Kapitel 6). In dieses Kapitel wird auch das Konzept der Performativität eingegliedert werden, da es ein tragendes Element dieses kulturtheoretischen Gerüsts ist. In einem den Hauptteil abschließenden Kapitel werden dann die Ergebnisse der Arbeit resümiert (Kapitel 7), bevor in einem weiteren Kapitel ein Ausblick gewagt und der Versuch unternommen wird, unter Bezugnahme auf Butlers neuere und neueste Arbeiten wie *Haß spricht*, *Giving an Account of Oneself* und *Precarious Life* zu skizzieren, wie eine Gegenüberstellung der Sprache-Gesellschaft-Beziehungen bei Judith Butler und Pierre Bourdieu aussehen könnte.

1.2.2 Auswahl der behandelten Werke

In erster Linie werden die folgenden vier Werke Gegenstand meiner Analyse sein: *Das Unbehagen der Geschlechter*, *Körper von Gewicht*, *Psyche der Macht* und *Haß spricht.* Diese Texte sind im amerikanischen Original in einem Zeitraum von acht Jahren erschienen (1990 bis 1997); die deutschen Übersetzungen, aus denen in dieser Arbeit auch zitiert wird, decken einen etwas längeren Zeitraum ab. Die Reihenfolge, in der ich mich in dieser Arbeit mit den Werken beschäftige, entspricht bis auf eine Ausnahme der ihres Erscheinens: *Haß spricht* ist kurz vor *Psyche der Macht* erschienen, wird hier aber als letztes behandelt. Dies hat den inhaltlichen Grund, dass in *Haß spricht* die Themen im Vordergrund stehen, die die zentralen Punkte dieser Arbeit ausmachen und somit zum Resümee überleiten können. Außerdem bietet es thematische Anknüpfungspunkte für das achte Kapitel, in dem es um die Verbindung von Butler und Bourdieu geht.

Neben diesen vier Werken werde ich an einigen Stellen zum einen Butlers Dissertation über Hegel, *Subjects of Desire*, die sich in der unter diesem Titel veröffentlichten dritten, überarbeiteten Fassung vor allem mit der Frage nach Identität, Identitätskategorien und -zuweisungen beschäftigt, heranziehen, zum anderen einige Aspekte aus ihren aktuellsten Arbeiten *Precariuos Life* und *Giving an Account of Oneself* einbeziehen. Auf die Textinhalte der jeweiligen Bücher werde ich an den entsprechenden Stellen dieser Arbeit, vorzugsweise zu Beginn jeden Kapitels, eingehen, um dem Leser eine adäquate Textkenntnis der jeweils wichtigsten Aspekte zu ermöglichen.

Zu erwähnen ist an dieser Stelle noch, dass die Titel der deutschen Übersetzungen von Butlers Texten zum Teil missverständlich bzw. nicht so aussagekräftig wie die englischen Originaltitel sind oder zum Teil die Untertitel nicht mit übersetzt wurden. Letzteres betrifft *Das Unbehagen der Geschlechter*, während ersteres meiner Ansicht nach vor allem auf *Haß spricht* zutrifft. Nicht zuletzt aus diesem Grund werden zu Beginn jedes Kapitels die Originaltitel erwähnt; gearbeitet wird im Text aber mit den deutschen Übersetzungen, soweit diese vorliegen. Zwar sind auch diese Übersetzungen an einigen Stellen problematisch, vor allem, wenn es sich um die unterschiedlichen Übersetzungen der *gender*-Begriffe handelt, doch stellen diese Uneindeutigkeiten für diese Arbeit und das hier behandelte Thema kein entscheidendes Hindernis dar.

2 Das Unbehagen der Geschlechter

Das 1991 in der deutschen Übersetzung erstmalig erschienene *Das Unbehagen der Geschlechter* machte Judith Butler auch im deutschsprachigen Raum einem breiterem Publikum bekannt, allerdings vor allem im Kontext der *gender*-Diskussion. Dieses Werk, das 1990 in den USA unter dem Titel *Gender Trouble: Feminism and the Subversion of Identity* erschien, setzt sich v.a. mit der zeitgenössischen feministische Theorie auseinander und befasst sich dabei vorwiegend mit der Frage, inwiefern die Kategorie ›Geschlecht‹ biologisch/deterministisch bestimmt oder sozial konstruiert ist. Butler geht in dieser Frage noch einen Schritt weiter und fragt, ob das als natürlich angenommene anatomische Geschlecht [*sex*] und die damit verbundenen Kategorien männlich/weiblich nicht auch ebenso kultureller Natur sind wie die soziale Geschlechtsidentität [*gender*]. Dies bedeutet, dass die binäre Unterscheidung auf Basis des *sex* ebenso diskursabhängig wäre wie die *gender*-Konzeption und ähnlichen Naturalisierungsstrategien unterworfen wäre. Butler setzt sich dabei mit den verschiedenen, vor allem feministischen Theoretikerinnen sowie mit Psychoanalytikern wie Jacques Lacan und Sigmund Freud auseinander. Der Fokus liegt auf der Subjektkonstitution und der Frage, wie der Körper durch den Diskurs und die im Diskurs wirkenden Regulierungsmechanismen zu einer bestimmten Identität gelangt. Dabei spielen die Aspekte ›Sprache‹ und ›Macht‹ insofern eine Rolle, als sich das Subjekt durch ihr Zusammenspiel konstituiert. Wie sich dies vollzieht, wird im Verlauf dieses Kapitels erläutert. Generell lässt sich aber schon an dieser Stelle festhalten, dass das Subjekt als eines konzipiert wird, das erst durch den Diskurs entsteht, also ein Effekt und nicht die Ursache des Diskurses ist.[1]

Butler selbst bezeichnet ihr Vorgehen als eine kritische Genealogie:

> »Die grundlegenden Kategorien des Geschlechts, der Geschlechtsidentität und des Begehrens als Effekte einer spezifischen Machtformation zu enthüllen, erfordert eine Form der kritischen Untersuchung, die Foucault im Anschluß an Nietzsche als ›Genealogie‹ bezeichnet hat.«[2]

Damit steht Butler explizit in der Tradition Nietzsches, dessen Methode der Genealogie ab den 1970ern, vermittelt über Foucault, zu einer der zentralen Methoden der Kulturwissenschaften wurde.

Wichtig ist für ihre gesamte Argumentation, dass es keine eindeutige Trennung zwischen dem Außen und dem Innen gibt, weder die Erzeugung einer eigenen Identität als Subjekt betreffend (die z.B. bei den Strukturalisten auf der Grundlage von binären Strukturen in der Abgrenzung zu dem jeweils ›Anderen‹ entsteht)[3] noch die Beziehung zwischen der eingenommenen Subjektposition und den sie hervorgerufenen Machtkonstellationen angehend. Auch hier sind deutliche Bezüge zu Foucault ersichtlich, heißt es doch bei ihm, dass keine Position außerhalb des Diskurses möglich ist.[4] Ein vordiskursives Außen, in dem auch ein Subjekt existiert, das quasi

---

[1] Vgl. z.B. Butler (1991), S. 20f.

[2] Butler (1991), S. 9 [Hervorhebung im Original].

[3] Vgl. dazu Ferdinand de Saussure, der davon ausgeht, dass sprachliche Begriffe erst dadurch etwas Bestimmtes aussagen, dass sie etwas anderes gerade nicht bedeuten. Von Claude Lévi-Strauss wurden die ursprünglich linguistischen Überlegungen auf die Sozialwissenschaften übertragen, wo vor allem die Vorstellung von zugrunde liegenden Strukturen als ›kulturellen Codes‹ bedeutsam wurde. Da auf die verschiedenen Ausprägungen des Strukturalismus an dieser Stelle nicht ausführlicher eingegangen werden kann, sind lediglich zwei Aspekte hervorzuheben, die für Poststrukturalisten wie Butler zentral sind: Zum einen die Annahme dieser grundlegenden Strukturen oder Codes, zum anderen die Annahme, dass diese Strukturen binär organisiert sind und somit die Identitäten aus der Abgrenzung von dem jeweils anderen entstehen (in logischen Termini: a ist ›nicht b‹). Zu einer ausführlicheren Darstellung vgl. z.B. Reckwitz (2006).

[4] Vgl. z.B. Foucault (1983), S. 94.

›natürlich‹ und (noch) nicht kulturell konstruiert ist, ist für Butler nicht denkbar,[5] und mit dieser Annahme geht sie – paradigmatisch für die Postmoderne – über Hegel und das Denken der Moderne hinaus, für das zwar das Erkennen des im ›Außen‹ liegenden Dings-an-sich oder Seienden nur vermittelt und annähernd möglich ist, d.h. zu dem Wesen der Dinge nicht vorgedrungen werden kann, diese Dinge und das ihnen zugrunde liegende Wesen aber nichtsdestotrotz unabhängig vom Diskurs existieren. Bei Butler existieren nun innerhalb des hegemonialen Diskurses binäre Strukturen – exemplifiziert an den männlich/weiblich-Unterscheidungen –, die durch Wiederholungen jedes Mal aufs Neue bestätigt und so wieder hervorgebracht werden. Diesen Wiederholungen kommt allerdings eine besondere Bedeutung zu, und hier knüpft Butler an Derridas Konzept der *différance* an: Handlungen, die wiederholt werden und in diesem Sinn nach Derrida iterierbar sind,[6] können nie so vollzogen werden, dass sie vollständig identische Wiederholungen des vermeintlichen Originals darstellen, es finden immer Abwandlungen und Abweichungen statt. Genau dies sind die Punkte, an denen Butler ansetzt, um das bei Derrida zunächst einmal sprachlich verstandene, auf einzelne Sprachhandlungen bezogene Konzept auf diskursive Praktiken auszudehnen. Wie dies geschieht und welche Auswirkungen dies auf die Subjekt- und Machtkonzeptionen hat, wird sich in den folgenden Unterkapiteln zeigen.

2.1 Der diskursive Sprachbegriff

Wie oben schon erwähnt, lässt sich sagen, dass Sprache in den früheren Werken Butlers, zu denen auch das hier besprochene *Das Unbehagen der Geschlechter* zählt, in erster Linie diskursiv verstanden wird. Dies bedeutet, dass der Diskurs den (sprachlichen) Rahmen für gesellschaftliches Han-

[5] Vgl. z.B. Hauskeller (2000), S. 62f.
[6] Vgl. Derrida (1988), S. 298.

deln bildet und vorgibt, was gesagt, wie gedacht und wie gehandelt werden kann – und wie nicht. Es geht also weniger um die einzelnen Sprechakte und die einzelnen sprachlichen Handlungen mit ihren jeweiligen Wirkungen als vielmehr um die Gesamtheit sprachlicher Handlungen und die dadurch hervorgebrachte Ordnung von Interessen(-konstellationen). Um dies angemessen begreifen zu können, muss man sich bewusst sein, wie stark Butler beim Gebrauch des Begriffs ›Diskurs‹ unter dem Einfluss Foucaults steht. Aus diesem Grund folgt an dieser Stelle ein kurzer Exkurs zu dessen Diskursbegriff, den sich Butler zu eigen macht, um die auf das Subjekt einwirkenden (sprachlichen) Zwänge zu beschreiben, den sie allerdings auch modifiziert.

2.1.1 Der Diskursbegriff bei Michel Foucault

Michel Foucault prägte ab den 1970er Jahren den Begriff des ›Diskurses‹ in einer Weise, die für eine bestimmte Richtung der Kulturwissenschaften richtungsweisend wurde. Bedeutsam waren dafür vor allem *Die Archäologie des Wissens* und *Die Ordnung des Diskurses.* In seiner Inauguralvorlesung am Collège de France am 2. Dezember 1970 beschäftigt er sich mit dieser »Ordnung des Diskurses«, so auch der Titel der Vorlesung und des anschließend veröffentlichten Essays, und arbeitet die seiner Ansicht nach zentralen Aspekte des Diskurses und die daraus entstehenden Folgen für das wissenschaftliche Arbeiten und Denken heraus. Entscheidend ist, dass der Diskurs bei Foucault nicht einen sprachwissenschaftlich geprägten Oberbegriff für verschiedene (gesprochene oder schriftliche) Textformen darstellt oder in die Richtung des von Jürgen Habermas formulierten Prozesses der Wahrheitsfindung geht, sondern eine je spezifische ›Ordnung des Denk- und Sagbaren‹ darstellt, die eine bestimmte Epoche, ein wissenschaftliches Feld o.Ä. charakterisiert. In der *Archäologie des Wissens* beschreibt Foucault den Diskurs daher ganz allgemein als »eine Menge von sprachlichen Performanzen«[7], die in ganz unterschiedlicher Hinsicht verstanden werden kann, unter anderem auch, und auf diese Verwendung bezieht er sich selbst, als »eine Menge von Aussagen, die einem gleichen Formationssystem zugehören«[8]. Der Unterschied zwischen seinem Diskursbegriff und dem der Linguisten ist ihm bewusst, und er grenzt sich explizit davon ab, indem er betont, dass es ihm gerade nicht darum geht, einen vorhandenen Begriff »in der ihm eigenen Wirksamkeit«[9] auf neue Inhalte anzuwenden, hier: vorgefundene Phänomene mithilfe und innerhalb sprachwissenschaftlicher Strukturen erklären zu wollen. Vielmehr gehe es ihm um eine Analyse von Aussagen und damit um »realisierte sprachliche Performanzen [...]: [eine] Beschreibung der gesagten Dinge, genau insoweit sie gesagt worden sind.«[10] Dem Diskurs kommt dabei die Aufgabe zu, das Regelsystem, innerhalb dessen diese Aussagen getätigt werden, zur Verfügung zu stellen. Wichtig ist, dass Foucault in diesen frühen Werken den Fokus auf die Regeln legt, die übersubjektiv wirken, so dass auch der Begriff der Aussage nicht als ein von einem einzelnen Subjekt hervorgebrachtes sprachliches Element des Diskurses verstanden werden kann, sondern als ein wiederholbares, durch die Regeln des Diskurses hervorgebrachtes Element desselben. So ist auch die diskursive Praxis als eine überindividuelle Praxis zu verstehen, die das Wissen der Subjekte gestaltet und (an-)ordnet; eng damit verbunden sind die sogenannten diskursiven Praktiken, die z.B. als Institutionen, autorisierte Sprecher, Regeln der Versprachlichung etc. in den jeweiligen Diskursen die als wirklich und für wahr genommenen Gegenstände erst hervorbringen. Wie in der *Ordnung des Diskurses* anhand der Ausschließungsmechanismen dargestellt, steuert der Diskurs das, was von den im Diskurs stehenden Subjekten

[7] Foucault (1981), S. 156.
[8] Foucault (1981), S. 156.
[9] Foucault (1981), S. 157.
[10] Foucault (1981), S. 159.

als wahr angenommen oder als unwahr ausgeschlossen wird. Dazu gehört auch der Mechanismus des Tabus, der verhindert, dass bestimmte Themen oder Auffassungen und Meinungen in den jeweiligen Diskurs Eingang erhalten.[11] Im Hinblick auf Butlers Werk ist außerdem das Wechselspiel zwischen Gesellschaft und Diskurs besonders interessant:

> »Ich setze voraus, daß in jeder Gesellschaft die Produktion des Diskurses zugleich kontrolliert, selektiert, organisiert und kanalisiert wird – und zwar durch gewisse Prozeduren, deren Aufgabe es ist, die Kräfte und die Gefahren des Diskurses zu bändigen, sein unberechenbar Ereignishaftes zu bannen, seine schwere und bedrohliche Materialität zu umgehen.«[12]

An dieser Stelle muss allerdings hinzugefügt werden, dass es sich bei diesen beiden Texten um den Kontext handelt, in dem Foucault seine Archäologie konzipiert und begründet. Das Konzept der Genealogie, an das Butler explizit anschließt, verfügt bezüglich des Diskurses über einen etwas anderen Schwerpunkt: Es geht nicht um die Regelhaftigkeiten, die einen bestimmten (historischen) Diskurs und damit eine spezifische *episteme* kennzeichnen, sondern um die Diskontinuitäten und Brüche zwischen den *epistemen* oder, wie es dann ab *Sexualität und Wahrheit* heißt, Dispositiven.[13] Dabei stehen die Kräfteverhältnisse im Vordergrund, die innerhalb des Dispositivs, und zwar mittels der Diskurse, auf die Subjekte wirken und sie in einer bestimmten Weise formen. Dies bedeutet, dass Foucault mit Hilfe des Konzepts der Geneaologie den Dynamiken innerhalb der ›Denksysteme‹, wie ich sie hier nennen möchte, Rechnung zu tragen versucht; dass er diese Dynamiken auch schon im Blick hatte, als es ihm insgesamt noch stärker um eine Archäologie dieser Denksysteme, d.h. um das Aufweisen der ihnen inhärenten Systematiken und Regeln ging, zeigt *Die Ordnung des Diskurses*, wo es heißt:

---

[11] Vgl. Foucault (2003), S. 11.
[12] Foucault (2003), S. 10f.
[13] Vgl. Foucault (1983).

»[E]s soll [in der Genealogie, A.-L.M.] untersucht werden, wie sich durch diese Zwangssysteme hindurch (gegen sie oder mit ihrer Unterstützung) Diskursserien gebildet haben; welche spezifischen Normen und welche Erscheinungs-, Wachstums- und Veränderungsbedingungen eine Rolle gespielt haben.«[14]

Die Genealogie wird dabei programmatisch neben der Kritik als eine der Aufgaben der Analyse verstanden.

Im folgenden Abschnitt geht es darum, in welcher Hinsicht Butler in *Das Unbehagen der Geschlechter* an Foucaults Diskursbegriff anschließt und welchen Sprachbegriff sie in ihrem Werk verwendet.

2.1.2 Butlers Begriff der Sprache

Foucault versteht den Diskurs wie oben ausgeführt als ein Aussagesystem, das von diskursspezifischen Regeln strukturiert wird und über verschiedene Mechanismen mithilfe der diskursiven Praktiken die sozial-historischen Gegenstände erst hervorbringt. Dies bedeutet, dass die Funktionsweisen z.B. von Institutionen, die die Wahrnehmung dieser Gegenstände seitens der Subjekte strukturieren, ähnlich wie sprachliche Regeln funktionieren, die sich in der sprachlichen Äußerung realisieren. Diese Realisierung findet auf der Ebene der Gesellschaft (oder, noch allgemeiner, der Kultur) in den Handlungen der Subjekte statt. Geht man von dieser Annahme aus und überträgt sie auf die von Butler verfolgte Idee, nach der Sprache bzw. Begriffe und Bezeichnungen die Kategorien der Identität stabilisieren und destabilisieren können, ergibt sich der Schluss, dass es Butler um ein diskursives Verständnis von Sprache geht. Im Zentrum stehen daher nicht so sehr die individuellen Äußerungen, sondern stärker die Mechanismen, nach denen Sprache operiert und Wirklichkeit erzeugt:

[14] Foucault (2003), S. 39.

> »Die Identität als *Praxis*, und zwar als *Bezeichnungspraxis* zu verstehen, bedeutet, die kulturell intelligiblen Subjekte als Effekte eines regelgebundenen Diskurses zu begreifen, der sich in die durchgängigen und mundanen Bezeichnungsakte des sprachlichen Lebens einschreibt.«[15]

Der Begriff des Diskurses wird bei Butler allerdings in einer Weise verwendet, die in einigen Fällen an Foucaults Dispositiv-Begriff erinnert bzw. in erster Linie den jeweils herrschenden Diskurs meint. Danach ist ein solcher (hegemonialer) Diskurs ein sinnstrukturierendes Regelsystem, anhand dessen sich das Handeln der Subjekte ausrichtet. Im Folgenden wird mit ›Diskurs‹ dieses Butler'sche Verständnis gemeint, sofern nichts anderes angegeben ist.

Dargestellt am Beispiel der Geschlechtsidentität als Thema des Buches, betont Butler im Zusammenhang mit ihrer Auseinandersetzung mit Monique Wittig und Jacques Lacan, wie Sprache die (Geschlechts-)Identität markiert.[16] Im Rückgriff auf Simone de Beauvoir stellt Butler heraus, dass sprachliche Kategorien wie die der ›Frau‹ prozessuale Begriffe darstellen, die »stets offen für Eingriffe und neue Bedeutungen«[17] sind. Dies gilt auch für den Begriff des Subjekts.[18] Insgesamt ist es das Anliegen Butlers, mit Hilfe der Genealogie zu zeigen, dass Begriffskategorien entstehen und in einem Naturalisierungsprozess als ›wirklich‹ wahrgenommen werden, d.h. ihren Charakter der kulturellen Geprägtheit verlieren. Exemplifiziert wird dies mittels der Geschlechtskategorien der westlichen Kultur, die sowohl im Fall des anatomischen Geschlechts [*sex*] als auch der sozialen Geschlechtsidentität [*gender*] binär angelegt sind.[19]

Wie im einleitenden Abschnitt zu diesem Kapitel schon erwähnt, greift Butler in ihrem Konzept der Wiederholbarkeit von Handlungen auf Derri-

---

15 Butler (1991), S. 212 [Hervorhebungen im Original].
16 Vgl. Butler (1991), S. 52.
17 Butler (1991), S. 60.
18 Vgl. Butler (1991), S. 61.
19 Vgl. Butler (1991), S. 60f.

da zurück. Diesen Aspekt behandele ich an dieser Stelle im Zusammenhang mit Butlers Sprachkonzept, da sie ihn zum einen am Beispiel sprachlicher Handlungen einführt, zum anderen in diesem frühen Werk Sprache diskursiv versteht und somit mit dem Begriff ›Sprache‹ in der Regel mehr als die individuellen lautlichen Äußerungen meint.

Mit ihrem Sprachkonzept verortet sich Butler selbst innerhalb der Poststrukturalisten. Sie kritisiert am strukturalistischen Konzept, dessen Grundgedanken zuerst von Ferdinand de Saussure formuliert wurden, dass trotz der Betonung der Arbitrarität von Zeicheninhalt (Signifikat) und Lautbild (Signifikant) dieses »Verhältnis in ein notwendigerweise vollständiges, geschlossenes sprachliches System«[20] eingeordnet würde. Damit gehe, so Butler, die Differenz zwischen dem Zeicheninhalt und dem Bezeichnenden verloren – etwas, das durch Derridas *différance*-Konzept verhindert werden könne.[21] Anders formuliert: Der Strukturalismus benennt die Differenz als eine seiner grundlegenden Annahmen, indem er die Beziehung zwischen dem Zeicheninhalt und dem Lautbild als eine willkürliche beschreibt. Das, was in unserer Vorstellung mit einem bestimmten Lautbild verbunden ist – also z.B. das Lautbild ›Frau‹ mit einer bestimmten, durch spezifische Aspekte der ›Weiblichkeit‹ geprägten Vorstellung – ist eine willkürliche Verbindung, die durch gesellschaftliche Prozesse hergestellt wird. Hinzu kommt: Um Identität zu erzeugen, wird sich der Differenz bedient, ein Prozess, der binär verläuft: ›Weiblich‹ ist gleichbedeutend mit ›nicht männlich‹. Den für Butler zentralen Aspekt dieser ersten Differenz, der Arbitrarität, erfasst der Strukturalismus nun ihrer Ansicht nach nicht in seiner vollen Reichweite, indem er der Grundstruktur untergeordnet wird, die Sprache als ein durch bestimmte Codes strukturiertes Regelsystem auffasst, die auf einer synchronen Ebene keine Dynamiken innerhalb

[20] Butler (1991), S. 70.
[21] Vgl. Butler (1991), S. 70.

des Systems kennt. Den zweiten Aspekt der Binarität der Bedeutungszuschreibungen will Butler überwinden; in der Auseinandersetzung mit den französischen Feministinnen stellt sie heraus, dass die kulturelle Matrix, nach der das *gender*-Konzept konzipiert ist, dieselbe ist, nach der auch das, was es überwinden will, funktioniert und es somit weiterhin unterstützt: Die zugrunde liegende Struktur ist sowohl im Fall des *sex* als auch im Fall des *gender* binär organisiert. Dagegen ist es die Arbitrarität von Bezeichnetem und Bezeichnendem, von Signifikat und Signifikant, die für Butler entscheidend ist. Ohne diese Unterscheidung ist ihr Konzept der Zuschreibung von Identität mittels Sprache nicht möglich. Geht man von der Prämisse einer natürlichen Beziehung zwischen dem Gegenstand und seiner Bezeichnung aus, kann Sprache kein identitätsstiftender Modus zukommen, ist keine Unterscheidung von *sex* und *gender* möglich, da eine Differenz zwischen den beiden weder vorstellbar noch sprachlich fassbar wäre. Diese Unterscheidung – und damit auch die empirischen Phänomene, die die Existenz einer solchen Differenz zeigen – ist nur möglich, wenn ein Phänomen in sich nicht die Anlage für eine bestimmte begriffliche Bezeichnung trägt, die Bezeichnungen also als grundlegend arbiträr angenommen werden. Dies bedeutet in keiner Weise, dass die Bezeichnungen von jedem und willkürlich verändert werden können. Es besagt lediglich, dass die Auffassung, dass eine grundsätzlich arbiträre Beziehung zwischen dem Zeicheninhalt und dem Bezeichneten besteht, notwendig ist, um zu einem Sprachkonzept wie dem der Poststrukturalisten zu kommen. In seinem Konzept der *différance* lässt Derrida nun dieser Differenz, die nach Butlers Auffassung im Strukturalismus nicht konsequent gedacht wird, eine besondere Rolle zukommen und konzipiert den Begriff wesentlich offener.[22] So ist es für Butler möglich, darauf zurückzugreifen, denn das Beharren auf den binären Strukturen, das den Strukturalismus kennzeichnet, wird

[22] Vgl. Gillett (2006), S. 108.

von ihr zurückgewiesen wird, da es eine Einschränkung der »Ambiguität und Offenheit der sprachlichen und kulturellen Bedeutung«[23] bedeute. Mit dem Konzept der *différance* bezeichnet Derrida die Distanz zwischen dem Sender und dem Empfänger eines schriftlichen Zeichens, die »sich zu einer gewissen Absolutheit erheben« lässt, die also mehr als nur »eine entfernte, aufgeschobene oder in dieser oder jener Form idealisierte Anwesenheit«[24] ist. Diese Abwesenheit des Empfängers ist für Derrida ein Grund für die Annahme, dass Schrift den Charakter von etwas Wiederholbarem besitzen muss, da sie auch für den jeweils Anderen zu anderen Zeitpunkten oder, in Derridas Worten, »über den Tod des Empfängers hinaus strukturell lesbar«[25] sein muss. Um diese Überlegung zu bezeichnen, verwendet er den Begriff der Iterierbarkeit, in dem schon begrifflich angelegt ist, dass sich »die Wiederholung mit der Andersheit verbindet«[26].

Dieses Konzept wird nun bei Butler mit Foucaults Diskurskonzept verbunden und führt sie dazu, begriffliche Kategorien prozessual und den damit verbundenen Prozess der Identitätszuschreibung als »fortdauernde diskursive Praxis« zu verstehen, die »stets offen für Eingriffe und neue Bedeutungen«[27] ist. Diese Möglichkeit der Veränderung durch die Wiederholung und damit auch die Möglichkeit der Destabilisierung wird noch verstärkt, wenn es später im Text heißt: »Die Termini *Tunte, butches, femmes, girls*, ja sogar die parodistische Wieder-Aneignung von *dyke, queer* und *fag* destabilisieren die Geschlechtskategorien und die ursprünglich abschätzig gemeinten Kategorien homosexueller Identität und setzen sie anders wieder ein.«[28] Dieser Aspekt wird in Butlers späterem Werk *Haß*

[23] Butler (1991), S. 70.
[24] Derrida (1988), S. 297f.
[25] Derrida (1988), S. 298.
[26] Derrida (1988), S. 298.
[27] Butler (1991), S. 60.
[28] Butler (1991), S. 181 [Hervorhebungen im Original].

spricht noch ausführlicher thematisiert (vgl. Kapitel 5) und auf andere Bereiche als den der Geschlechtsidentität übertragen.

2.2 Subjekt und Macht in ihrer Wechselwirkung

Das hier behandelte Werk Butlers zeichnet sich meiner Ansicht nach dadurch aus, dass ›Subjekt‹ und ›Macht‹ in wechselseitiger Abhängigkeit voneinander konzipiert werden und sich nicht ohne einander denken lassen. Diesem Umstand trage ich dadurch Rechnung, dass ich in diesem Abschnitt beide zusammen behandele und nur mithilfe zweier Unterkapitel versuche, den jeweiligen Fokus stärker auf das Subjekt bzw. die Macht zu richten. Dies dient dazu, die für das Ergebnis der Arbeit wichtigen Eigenschaften dieser Konzeptionen trotz allem möglichst scharf voneinander abzugrenzen und so besser in den Blick zu bekommen.

2.2.1 Der Prozess der Subjektivation

Butlers Subjektbegriff ist im Zusammenhang mit der sich in der Postmoderne etablierenden Vorstellung zu sehen, nach der ein Subjekt nicht über einen sogenannten ›Subjektkern‹ verfügt und mit sich selbst identisch ist,[29] sondern als Effekt von auf es einwirkenden Kräften, z.B. eines Diskurses, entsteht, wie es bei Butler in *Das Unbehagen der Geschlechter* der Fall ist.[30] Somit dekonstruiert sie die Idee eines Subjekts, das autonom und frei handeln kann – wie es noch das Subjekt bei René Descartes konnte, das durch den berühmten Ausspruch »cogito ergo sum« charakterisiert ist. In der Psychoanalyse findet sich bei Freud mit der Unterscheidung von Ich, Es und Über-Ich und der Fokussierung des Unbewussten eine Abkehr

[29] Zu den Entwicklungen in der Theorie des Subjekts vgl. z.B. Zima (2000).
[30] Vgl. Butler (1991), S. 20f.

von einem solchen Gedanken, der das Bewusstsein noch als eine »zentrierte Einheit«[31], wie es bei Althusser heißt, konzipierte.[32] Lacan argumentiert ähnlich, wenn er die durch den Diskurs oder durch eine Benennung vollzogene Subjektivation unter Rückgriff auf Freud als ein »Unrecht« bezeichnet, »das ohne Grund einem jeden Subjekt angetan wird dadurch, daß ein beliebiges anderes Subjekt sich veranlaßt sieht, ihm irgendeine Eigenschaft anzudichten.«[33] Hier wird der Bruch zur Denkweise der Moderne sehr deutlich: Die Bestimmung der Identität als Subjekt erfolgt nicht über das eigene Denken/Bewusstsein wie bei Descartes, sondern über die Zuschreibung durch andere. Althusser beschreibt diesen Prozess als einen der Anrufung.[34] Diese Anrufung steht allerdings erst in Butlers späteren Werken, z.B. in *Körper von Gewicht*, im Mittelpunkt und wird daher in den folgenden Kapiteln ausführlich behandelt.

In *Das Unbehagen der Geschlechter* geht es Butler nun weniger um die Herleitung und Darstellung eines bestimmten Subjektbegriffs als vielmehr um den Prozess der Subjektwerdung, d.h. die Subjektivation. Für diesen Prozess ist, wie aus dem vorangegangenen Abschnitt über die Sprache deutlich wurde, die sprachliche Zuweisung der Identität von entscheidender Bedeutung. Das Subjekt wird als eines konzipiert, das zum einen seine Identität durch diese sprachliche Zuweisung innerhalb eines Diskurses erhält und das somit zum anderen innerhalb der im Diskurs und im Dispositiv herrschenden Machtverhältnisse als dasjenige zu verorten ist, auf das sich diese Machtkonstellationen auswirken, in dessen Körper sie sich einschreiben und wo sie sich materialisieren. Butler stellt den Zusammenhang zwischen Subjekt, Identität und Inszenierung her, wenn sie schreibt:

[31] Althusser (1977), S. 104.
[32] Vgl. z.B. Freud (1965).
[33] Lacan (1975), S. 58.
[34] Vgl. z.B. Althusser (1977), S. 140–149.

»Wenn man dagegen die Identifizierung als inszenierte Phantasie oder als Einverleibung versteht, wird deutlich, daß die Kohärenz begehrt, erwünscht und idealisiert wird und daß diese Idealisierung der Effekt einer leiblichen Bezeichnung ist. Anders formuliert: die Akte, Gesten und Begehren erzeugen den Effekt eines inneren Kerns oder einer inneren Substanz; doch erzeugen sie ihn *auf der Oberfläche* des Körpers«[35].

Zugleich wird damit deutlich, dass das Subjekt nicht dem Diskurs oder der Inszenierung vorgängig ist, also wiederum gerade nicht als autonomes Subjekt gedacht wird, das der Ursprung der Dinge ist. Generell gilt, dass in diesem Werk die Frage nach dem Subjekt sehr stark an die Frage nach der (Geschlechts-)Identität gekoppelt ist. Dies bedeutet, dass das Subjekt als übergeordnete Kategorie verstanden wird, der sich u.a. die Identität des Subjekts innerhalb des Geschlechtsdispositivs unterordnen lässt. Innerhalb der entsprechenden Diskurse wird das Subjekt als ein bestimmtes konstituiert, und zwar über sprachliche Zuweisungen und die Verortung innerhalb des Machtfeldes dieser Diskurse. Bei dieser Formulierung ist aber zu beachten, dass man nicht in die Vorstellung von dem Subjekt als einem bewusst handelnden verfällt, sondern sieht, dass das Subjekt innerhalb dieses Dispositivs erst als ein solches konstituiert wird. Diese Überlegungen zeigen wieder den Einfluss Foucaults auf Butler.[36] Anhand des Beispiels der Geschlechtsproblematik zeigt Butler auch die Problematik der Subjektkategorie auf, wie u.a. Gillett herausstellt, wenn er sagt, »dass ihre Ausführungen zum Thema Geschlecht unzertrennlich verbunden sind mit ihren Überlegungen zur Identitätsproblematik als solcher. Folglich trifft die Formulierung vom fehlenden Original auch auf die Auffassung vom Subjekt selbst – oder vom Selbst als Subjekt – zu. Genau wie es keinen Innenraum gibt, in dem ich mit mir selber identisch bin oder aus dem heraus ich die mich definierenden Komplexe heraushole, erweist sich die Kate-

[35] Butler (1991), S. 200 [Hervorhebung im Original].

[36] Vgl. z.B. Foucault (1978), u.a. S. 104ff.

gorie des Subjekts als scheinzwingendes grammatikalisches Konstrukt«[37]. Anschließend verweist Gillet auf Nietzsche und den Butler'schen Bezug zu dessen Konzeption des Seins in der *Genealogie der Moral.* Zur Erklärung des Phänomens, dass versucht wird, den Eindruck einer kohärenten und kontinuierlichen Identität – sowohl beim Subjekt selbst als auch bei den anderen Subjekten – zu vermitteln, verwendet Butler den Begriff der Intelligibilität. Eine intelligible Identität wird von den Subjekten angestrebt, und Butler beschreibt diese folgendermaßen:

> »›Intelligible‹ Geschlechtsidentitäten sind solche, die in bestimmtem Sinne Beziehungen der Kohärenz und Kontinuität zwischen dem anatomischen Geschlecht (sex), der Geschlechtsidentität (gender), der sexuellen Praxis und dem Begehren stiften und aufrechterhalten.«[38]

Mit diesem Konzept werden die jeweils in einem Diskurs vorherrschenden Auffassungen bezüglich des Zusammenhangs dieser vier Aspekte bezeichnet, im heterosexuellen Diskurs der westlichen Kultur, um den es Butler geht, wären dies z.B. weiblich (*sex*), Frau (*gender*), heterosexuell (sexuelle Praxis) und Mann (auf den das Begehren gerichtet ist). Da aber nach meiner These die Problematik der Geschlechtsidentität für Butlers gesamte Konzeption auch den Charakter eines Beispiels haben kann, lässt sich das Konzept der Intelligibilität also auch auf andere Formen der Identität übertragen. Dann werden damit die Identitäten bezeichnet, wie im Diskurs als sinnvoll erscheinen, da sie sozial anerkannt sind. Man kann dies mit Foucaults Ausschließungs- und Kontrollmechanismen des Diskurses vergleichen bzw. daran anknüpfen, die bestimmen, wer innerhalb eines Diskurses sprechen darf, d.h. welche Positionen als autoritative Sprecher anerkannt sind, und welche Themen auf welche Weise be- und angesprochen werden dürfen bzw. welche mit einem Tabu belegt sind.[39] Über diese

[37] Gillett (2006), S. 112.
[38] Butler (1991), S. 39 [Hervorhebung im Original].
[39] Vgl. z.B. Foucault (2003).

Mechanismen sind auch die Positionen strukturiert, die für das Subjekt insofern als sinnvoll erscheinen, als es am Diskurs teilhaben möchte. Problematisch ist bei der Verbindung dieser beiden Konzepte, dass wiederum nicht das Subjekt als dasjenige gedacht werden darf, das sich die jeweilige Identität oder Position im Diskurs aussucht, d.h., dass es nicht als z.B. rationaler Akteur über seinen Platz in der Gesellschaft entscheidet.

2.2.2 Die Konzeption von Macht

Der von Butler verwendete Machtbegriff ist ein anderer als der z.B. von Max Weber benutzte, der Macht als die Chance versteht, die eigenen Interessen gegenüber anderen durchzusetzen.[40] Das so angenommene Verständnis von Macht lässt keinen oder nur wenig Raum für die Wechselwirkungen außerhalb dieser eindimensionalen Beziehung (von einem Subjekt auf ein anderes gerichtet). Gerade diese Wechselwirkungen sind es aber, die bei Foucault und Butler so wichtig sind. Schon Hegel hat mit seiner Herrschaft-Knechtschaft-Erzählung in der *Phänomenologie des Geistes* auf die Abhängigkeit des Herrn (bei Foucault und Butler wäre es der hegemoniale Diskurs) vom Knecht (die unterdrückten Diskurse) und dessen Anerkennung des Herrn als ›Herr‹ aufmerksam gemacht.[41]

Bei Butler wird nun, im Anschluss an Foucault, ›Macht‹ als etwas verstanden, das über »produktiv[e] Kapazität«[42] verfügt. ›Produktiv‹ bedeutet in zweifacher Hinsicht die Möglichkeit der Hervorbringung: 1. eine Hervorbringung dessen, was das Subjekt ist bzw., exakter formuliert, was es natürlicherweise zu sein scheint, aber was es erst durch kulturelle Hervorbringung ist, 2. eine Hervorbringung dessen, was es gerade nicht ist

[40] Vgl. Weber (1980), S. 28.

[41] Zur Erzählung Hegels insgesamt vgl. auch Butler (1987), v.a. S. 43-59. Zur Übertragung der Erzählung auf die Subjekt-Macht-Problematik vgl. Butler (2001), S. 35-62, bes. S. 38-40.

[42] Butler (1991), S. 148.

bzw. nicht sein darf. An dieser Stelle ist also die Ebene der Macht von der des Subjekts schwer zu trennen, da das Subjekt als ein unterworfenes durch die Machtstrukturen hervorgebracht wird.[43] Diese Machtstrukturen bezeichnen sowohl Zwänge, die zu Unterwerfung und Eingrenzungen des Subjekts führen, als auch Möglichkeiten, in Reaktion auf diese Zwänge und als Folge der zwangsläufig nötigen Wiederholungen (z.B. von Handlungen) alternative Formen des Subjekts zu konstituieren.

Wie erwähnt, ist auch in Butlers Verständnis von Macht eine enge Verbindung zu Foucault zu sehen. Allerdings liegt das Hauptaugenmerk bei Butler dabei nicht so sehr, wie in den frühen Werken Foucaults, auf den Machtverhältnissen, die innerhalb von Diskursen und Dispositiven wirken und die Ordnungen des Denkens und Wissens strukturieren, sondern stärker auf der »psychische[n] Dimension der Wirkung der Macht«[44]. Wie im obigen Abschnitt deutlich geworden ist, beschäftigt sich Butler mit der Frage, welche Auswirkung das Wirken von Machtverhältnissen auf und für das Subjekt hat und wie sich daraus eine bestimmte Identität konstituiert. Die Konzeption von Macht, die Foucault u.a. in *Der Wille zum Wissen* entwirft, wird dabei aber grundsätzlich von Butler übernommen. Bei Foucault heißt es:

> »Die Machtbeziehungen verhalten sich zu anderen Typen von Verhältnissen (ökonomischen Prozessen, Erkenntnisrelationen, sexuellen Beziehungen) nicht als etwas Äußeres, sondern sind ihnen immanent. [...] [W]o sie [die Machtbeziehungen, A.-L.M.] eine Rolle spielen, wirken sie unmittelbar hervorbringend.«[45]

Damit wird der Unterschied zu Webers Machtbegriff sehr deutlich; zentral ist der hervorbringende, d.h. produktive Charakter der Macht als solcher

[43] Vgl. z.B. Butler (1991), S. 148ff.
[44] Kämpf (2006), S. 253.
[45] Foucault (1983), S. 94.

und nicht so sehr ein damit bezeichnetes Durchsetzen individueller oder gruppenspezifischer Interessen.

In starker Anlehnung an Foucault wird die Abhängigkeit des Subjekts vom Gesetz, also im weitesten Sinn von der Macht, formuliert. Foucault geht in *Sexualität und Wahrheit* davon aus, dass der Körper erst dadurch ein sexuell bestimmter wird, dass er innerhalb eines Diskurses von den jeweiligen Machtbeziehungen als ein solcher geformt – oder bezeichnet – wird.[46] Allgemeiner könnte man sagen, dass dem Körper insgesamt erst dadurch eine Bestimmung und also eine Identität zukommt, dass ihm im Diskurs diese bestimmte Identität und damit eine bestimmte Funktion zugewiesen wird. Erst die existenten Machtbeziehungen, die in einem Diskurs auf das Subjekt wirken, machen es zu dem, was von den anderen Subjekten als ›wirklich‹ wahrgenommen wird. Diese Produktivität der Macht bedeutet nun allerdings nicht nur, dass bestimmte Formen – wie die der Heterosexualität – hervorgebracht werden, sondern dass gleichzeitig bestimmte andere Formen – wie die der Homosexualität – unterdrückt werden bzw. versucht werden zu unterdrücken. Diese anderen Formen sind aber wiederum nur auf Grund dieser Unterdrückung möglich. In Butlers Worten: »Tatsächlich läßt sich die Repression dahingehend verstehen, daß sie das Objekt, das sie verneint, zugleich hervorbringt«[47]. Dies impliziert auch, und das betont die produktive Seite der Macht, die Möglichkeit der Subversion, allerdings ist auch die Form der Subversion abhängig von den im jeweiligen Diskurs herrschenden Bedingungen. Man kann also sagen, dass implizit auch (vom Subjekt) Macht ausgeübt wird, indem durch die Wiederholungen/das Zitieren bestimmter Normen Verschiebungen stattfinden und so diese Normen verändert bzw. stabilisiert werden. Mittels des Konzepts der Performativität wird diese Möglichkeit der Subversion

[46] Vgl. Butler (1991), S. 139.
[47] Butler (1991), S. 141.

von Butler theoretisch zu fassen versucht und in diesem Werk am Beispiel der sozialen Geschlechtsidentität [*gender*] dargestellt. Das Konzept der Performativität wird in den folgenden Kapiteln und vor allem in Kapitel 6 noch ausführlicher behandelt.

2.2.3 Wechselwirkungen und die Möglichkeit der Subversion

Die beiden vorangegangenen Unterkapitel sollten deutlich gemacht haben, wie stark die Verbindung von ›Macht‹ und ›Subjekt‹ in *Das Unbehagen der Geschlechter* ist. Die Verbindung ist nun nicht nur in eine Richtung als von der Macht auf das Subjekt gehend zu verstehen, sondern als Wechselwirkung. Dies bedeutet, wie schon kurz erwähnt, dass für die Subjekte innerhalb der Machtverhältnisse die Möglichkeit der Subversion besteht. Dabei muss auch Derridas Konzept der Iterierbarkeit berücksichtigt werden, das ich im Unterkapitel 2.1.2 beschrieben habe. Bezieht man dieses Konzept ein, wird deutlich, dass die ständige Wiederholung von Zeichen, hier ausgeweitet auf Handlungen allgemein, zwangsläufig mit Verschiebungen einhergeht. Diese Verschiebungen können nun die hegemoniale Ordnung destabilisieren und so subversiv wirken. Wichtig ist, und das geht aus Derridas Vorstellung, dass es gerade kein Original ist, das wiederholt wird, sowie aus der Annahme einer arbiträren Signifikat-Signifikant-Beziehung hervor, dass diese subversiven Veränderungen durch wissentlich vorgenommene Bedeutungsverschiebungen[48] und durch sich unwissentlich und unwillentlich vollziehende Verschiebungen stattfinden. Diesem Aspekt trägt Butler auch bezüglich ihres eigenen Schreibens Rechnung, wenn es heißt:

> »Der nachfolgende Text [in *Das Unbehagen der Geschlechter*, A.-L.M.] stellt dann auch den Versuch dar, gleichsam durch die Möglichkeit hindurch zu

[48] Vgl. z.B. die sprachliche Aneignung von ehemals als Schimpfwörtern gebrauchten Bezeichnungen wie *Tunte* oder *queer* [Schwuler]. Vgl. dazu z.B. Butler (1991), S. 181.

> denken, die naturalisierten und verdinglichten Begriffe der Geschlechtsidentität, die die männliche Hegemonie und heterosexistische Macht stützen, zu subvertieren und zu verschieben.«[49]

Thema des nachfolgenden Kapitels zu *Körper von Gewicht* sind daher unter anderem diese Naturalisierungs- und Verschleierungsprozesse, denen Butler für das gesellschaftliche Handeln eine wichtige Rolle zuschreibt und deren Mechanismen sie aufzudecken sucht, und die Frage, wo und in welcher Form subversives Handeln auftreten kann.

[49] Butler (1991), S. 61.

3 Körper von Gewicht

Das 1997 in der deutschen Übersetzung erschienene *Körper von Gewicht. Die diskursiven Grenzen des Geschlechts* trägt im 1993 erschienenen Original den Titel *Bodies that Matter. On the Discursive Limits of »Sex«*. Butler setzt darin die Genealogie der Geschlechtsidentitäten fort und greift Aspekte aus *Das Unbehagen der Geschlechter* auf, um sie zu verdeutlichen und damit auf Kritik zu reagieren. Im Zentrum steht ihre Annahme, dass erst im Feld der Machtbeziehungen bestimmten Körpern Gewicht, d.h. gesellschaftlich-soziale Bedeutung, zugesprochen wird und die jeweils spezifische Körperlichkeit als vermeintlich natürliche Eigenschaft auch erst in diesem Feld entsteht.

Neben den genealogischen Versuchen, diese Machtbeziehungen aufzudecken, beschäftigt sich Butler auch hier wieder mit Freud und Lacan und nutzt verschiedene Fallbeispiele, um ihre These auszuarbeiten. Diese besteht darin, nicht nur das soziale Geschlecht [*gender*], sondern auch »die Materialität des biologischen Geschlechts«[1] [*sex*] als kulturell konstruiert auszuweisen. Butler geht zudem in einigen Kapiteln stärker auf politisch-praktische Fragen ein und auf die Probleme, die eine Übertragung des theoretischen Konzepts auf den Bereich der (angewandten) Politik mit sich bringt.[2] Ihr letztes Kapitel beschäftigt sich außerdem mit den Vorgängen, die dazu führen, dass bestimmte Begriffe im Diskurs umgedeutet werden und andere nicht, was am Beispiel von *queer* und *nigger* dargestellt wird.

[1] Butler (1997), S. 15.
[2] Vgl. z.B. Butler (1997), S. 163ff.

Des Weiteren steht die Auseinandersetzung mit Nietzsche und Foucault und die Verletzbarkeit von Körpern durch Diskurse im Zentrum des Kapitels. Dies ist im Kontext dieser Arbeit besonders interessant, da am Beispiel von *queer* und *drag* die Konzepte von Performativität, Sprache und Macht dargestellt werden. Zudem stellt es einen inhaltlichen Bezug zu dem kurz vorher erschienenen *Haß spricht* dar und zeigt damit deutlich die thematischen Verbindungen zwischen den Werken. Mit dem Fokus auf dem Körper als Ort der Bezeichnung und Subjektwerdung geht auch eine stärkere Akzentuierung des Performanz-Begriffs als in *Das Unbehagen der Geschlechter* einher, so dass ich diesen in einem eigenen Unterkapitel behandeln werde. Die weitere Strukturierung dieses Kapitels trägt der engen Verknüpfung von ›Sprache‹ und ›Subjekt‹ Rechnung, indem es diese beiden Aspekte zusammen behandelt. In einem weiteren Abschnitt werden die Konzepte der ›Macht‹ und des ›Körpers‹ beschrieben und in Butlers Performativitätskonzept eingebettet.

3.1 Sprache und die Hervorbringung des Subjekts

Auch in *Körper von Gewicht* kommt der Sprache eine zentrale Rolle zu. Allerdings wird das Konzept in zweifacher Hinsicht verdeutlicht: Zum einen greift Butler auf Althussers Konzept der Anrufung zurück und macht so das Sprechen selbst zum Bestandteil der Subjektivation. Damit ist auch der Aspekt des Performativen verbunden, der hier im Gegensatz zu *Das Unbehagen der Geschlechter* in erster Linie auf seine sprachphilosophischen Wurzeln zurückgeführt und entsprechend verwendet wird. Zum anderen bezieht Butler den Aspekt der Materialität stärker in ihre Überlegungen ein und trägt so der Frage nach der Beziehung von Diskurs und Körper – anders gesagt: von Sprache und Organischem – Rechnung. Wie dies genau geschieht, ist Thema der folgenden Unterkapitel. Da sich die Art und Weise, wie Butler Althussers Konzept in ihr eigenes integriert, erst adäquat beschreiben lässt, wenn sowohl sein Konzept der Anrufung als auch ihre Subjektkonzeption beschrieben wurden, werde ich dieses Unterkapitel entsprechend strukturieren; dass sich so die Behandlung der Aspekte der Sprache und des Subjekts ineinander verzahnen, bezeugt die wechselseitige Abhängigkeit der beiden, die in Butlers Texten angelegt ist.

3.1.1 Sprache als Zusammenspiel von Diskurs und Anrufung

In *Körper von Gewicht* erweitert Butler ihren diskursiven Sprachbegriff um das sogenannte Konzept der Anrufung und verbindet so Althussers Einflüsse mit denen Foucaults, die schon in *Das Unbehagen der Geschlechter* deutlich wurden. Zudem wird der Aspekt der Materialität von Sprache stärker eingebunden. Man könnte ihr Vorgehen daher als eine Morphologie bezeichnen: Sie versucht, die Form von Organismen [griech. *morphé*] nachzuzeichnen und deren sprachlicher Strukturierung auf den Grund zu kommen. Dies entspricht der Entwicklung, die der Begriff der Morphologie theoriehistorisch durchlaufen hat: Ursprünglich ein von Goethe geprägter Terminus in der Wissenschaft der lebenden Organismen, wurde er im 19. Jahrhundert in die Sprachwissenschaft übernommen. Dort bezeichnet der Begriff des Morphs das »kleinst[e] bedeutungstragend[e] lautlich[e] Segment einer Äußerung auf der Ebene der Parole«[3]. Verbindet man dies mit der Frage Butlers, »wie Körper dahin gelangen, eine *morphe* anzunehmen«[4], offenbart sich die Verbindung von linguistischer und körperlicher Morphologie. Dies bedeutet, dass sich die diskursiven Struktu-

[3] Bußmann (1990), S. 502. Der Begriff der *parole* geht auf Ferdinand de Saussure zurück und meint die konkrete Realisierung der *langue*, der Sprache als eines Systems von Strukturen. Zur Entwicklung der Morphologie vgl. Bußmann (1990), S. 504f.

[4] Butler (1997), S. 105 [Hervorhebung im Original].

ren, die Normen und die Konventionen (die in der sprachwissenschaftlich-strukturalistischen Terminologie auf der Ebene der *langue* angesiedelt sind) auf dem Körper als einer Oberfläche realisieren und so die Ebene der *parole* darstellen. Damit wird dem Körper als Organischem eine Existenz auch neben dem Diskurs zugesprochen; der Körper ist allerdings nur sprachlich zugänglich, kann also in seiner Existenz neben dem Diskurs nicht unmittelbar erfahren werden, da sich jede Form der Wahrnehmung im weitesten Sinn über Sprache vollzieht. Welches sprachliche Konzept hinter dieser Annahme steht, ist Thema dieses Unterkapitels; das Konzept des Körpers wird im darauffolgenden Unterkapitel (3.2) behandelt.

Althussers Konzept der Anrufung

In der Aufsatzsammlung *Ideologie und ideologische Staatsapparate* des Franzosen Louis Althusser verwendet dieser das Konzept der Anrufung, französisch *interpellation*, um die (soziale) Entwicklung vom Individuum zum Subjekt zu erklären. Er benutzt das Konzept der Anrufung im Zusammenhang mit der Begründung eines Konzepts der Ideologie, die ›ewig‹ wirkt,[5] und stellt bezüglich des Subjekts heraus, »daß Sie [der Leser, A.-L.M.] und ich immer schon Subjekte sind und wir als solche ununterbrochen ideologische Wiedererkennungsrituale praktizieren, die uns garantieren, daß wir in der Tat konkrete, individuelle, unverwechselbare und (natürlich!) unersetzliche Subjekte sind.«[6] Mit dem Vorgang der Anrufung [*interpellation*] vollzieht sich die Transformation vom Individuum zum Subjekt, wenn das angerufenen Individuum die Anrufung anerkennt. Althusser spricht auch davon, dass das Subjekt aus den Individuen »rekrutiert«[7] werde; ein Ausdruck, der anschaulich macht, dass es nicht das Individuum selbst ist, das hier handelt. Allerdings kann dieser Ausdruck

[5] Vgl. Althusser (1977), S. 153, Anm. 17.
[6] Althusser (1977), S. 141f.
[7] Althusser (1977), S. 142.

insofern missverständlich sein, als er den Anschein eines handelnden Anderen erweckt, der am Anfang dieses Prozesses steht. Davon ist aber nicht nur bei Butler, sondern auch bei Althusser Abstand zu nehmen, denn auch dieser entwickelt ein Konzept des Subjekts, das es als durch Konventionen und Normen bedingt auffasst. Unter Rückgriff auf Freud sind bei Althusser die Individuen schon Subjekte, noch bevor sie mit einem eigenen Bewusstsein ausgestattet sind und/oder selbstständig agieren können:

> »Noch bevor das Kind geboren ist, ist es immer-schon Subjekt, weil es in und durch die spezifische familiale ideologische Konfiguration, in der es nach der Zeugung ›erwartet‹ wird, zum Subjekt bestimmt ist. Es versteht sich von selbst, daß diese familiale ideologische Konfiguration-bei aller Einmaligkeit-fest [sic!] durchstrukturiert ist und daß in dieser unerbittlichen, mehr oder weniger ›pathologischen‹ Struktur [...] das ehemalige zukünftige-Subjekt (l'ancien futur-sujet) ›seinen‹ Platz ›finden‹ muß, d.h. zu dem sexuellen Subjekt (Junge oder Mädchen) werden muß, das es bereits von vorne herein ist.«[8]

Dies bedeutet, dass durch die Anrufung dem Individuum eine bestimmte soziale Rolle zugeteilt wird. Diese Zuteilung ist abhängig von den herrschenden Konventionen, d.h., sie wird unter Rückgriff auf bestimmte Normen vollzogen und steht damit innerhalb einer bestimmten kulturellen Matrix. Gleichzeitig werden mit dem Prozess dieser Anrufung, den man auch als eine (sprachliche) Aktualisierung dieser Normen bezeichnen kann, diese Normen bestätigt. Erinnert man sich an das, was im letzten Kapitel zur Subversion geschrieben wurde, die im Fall der Wiederholung möglich ist, lässt sich dieses Moment auch hier finden. Bei Althusser richtet sich der Fokus allerdings nicht auf diese Möglichkeit der Veränderung, sondern auf das Moment der Bestätigung und Festigung der bestehenden Struktu-

[8] Althusser (1977), S. 144 [Hervorhebungen im Original].

ren, unter die das Subjekt (im Wortsinn)[9] unterworfen wird und in dessen Prozess es erst als >Subjekt< entsteht.[10]

Im nächsten Abschnitt soll nun dargestellt werden, wie Butler in *Körper von Gewicht* die Materialität von Körpern in ihren diskursiven Sprachbegriff einbindet und damit ihr in *Das Unbehagen der Geschlechter* formuliertes Konzept verdeutlicht.

Materialität und diskursives Sprachkonzept

Auch wenn Butler weiterhin von einem primär diskursiven Sprachbegriff ausgeht, der besagt, dass Dinge im Diskurs hervorgebracht werden, verdeutlicht sie in *Körper von Gewicht*, dass sie auch die Materialität dieser Dinge berücksichtigt und nicht davon ausgeht, dass diese ausschließlich sprachlich bestimmt sind. Die Verbindung von Materialität und Diskurs/Sprache zeigt sich zum einen darin, dass der Signifikationsprozess hier als ein materieller gedacht ist, da die Zeichen, die benennen, immer auch erscheinen – z.B. in akustischer oder geschriebener, d.h. lesbarer Form. Zum anderen können Körper und damit die Materialität der Dinge immer nur in Verbindung mit Sprache gedacht werden: Die Wahrnehmung und das Erkennen solcher Phänomene ist immer an sprachliche Kategorien gekoppelt.[11] Damit greift Butler in ihrem Konzept auf, was der *lingustic turn* in der (Sprach-)Philosophie im 20. Jahrhundert betont hat: die Wechselwirkung von Sprache und Denken. Bei dem amerikanischen Sprachwissenschaftler Edward Sapir heißt es zu dieser Beziehung:

---

[9] Das lateinische Verb *subicere*, von dem das deutsche Wort >Subjekt< abstammt, bedeutet u.a. >darunter werfen<, >unter etwas legen<.

[10] Vgl. Butler (1997), S. 173f.

[11] Vgl. Butler (1997), S. 104.

> »Wir sehen und hören und machen überhaupt unsere Erfahrungen in Abhängigkeit von den Sprachgewohnheiten unserer Gemeinschaft, die uns gewisse Interpretationen vorweg nahe legen.«[12]

Die Art und Weise, wie Dinge wahrgenommen werden, wird dadurch beeinflusst, welche sprachlichen Kategorien zur Verfügung stehen und welches die vorherrschenden begrifflichen Strukturen sind.[13] Diese begrifflichen Kategorien wiederum bestimmen, wie die Dinge für uns, die Referenten, *sind* – gebrochen wird dabei mit der Annahme der Existenz eines ›Dings an sich‹, welche paradigmatisch bei Kant zu finden ist. Zwar unterschied dieser auch zwischen der vom Menschen nur wahrnehmbaren ›Erscheinung‹ und jenem ›Ding an sich‹, das unabhängig von der Wahrnehmung existiert, aber in Butlers Konzeption geht es darum, dieses ontologische ›Ding an sich‹ zu entfernen. In Derridas Worten würde es das Original darstellen, das es nicht gibt, und bei Butler ist es das aufgrund eines Naturalisierungsprozesses als ›natürlich‹ Wahrgenommene, wie z.B. die Unterschiede des biologischen Geschlechts. Dies ist insofern wichtig, als sich Butler auf diese Weise von der Position des radikalen Konstruktivismus abgrenzen kann, nach dem den Dingen der Welt keine Existenz außerhalb unserer Wahrnehmung zukommen kann. Für das Sprachkonzept bedeutet der Einbezug der Materialität, dass sich darin in zweifacher Hinsicht die Wirkungen des Diskurses zeigen. In dem einen Fall schreibt sich der Diskurs in den Körper ein und verschafft ihm eine bestimmte – benennbare – Identität, d.h. er materialisiert seine Wirkungen. In dem anderen Fall be-

[12] Sapir, zitiert nach Whorf (1997), S. 74.

[13] Das abendländische Denken z.B. zeichnet sich durch ein starkes Dichotomien-Schema aus, welches, von den Naturwissenschaften kommend, die beherrschende Kategorisierungsform ist. Ein Beispiel dafür ist die strikte Trennung von wahr und falsch. Dies wirkt sich auch auf die Wahrnehmung der sozialen Phänomene aus. Ohne diese westliche Prägung zu nennen, weist Butler sie meines Erachtens nach, wenn sie herausstellt, wie stark auch die Sicht vieler feministischer Theoretikerinnen einer binären Matrix verhaftet ist, die sie an der vorherrschenden heterosexuellen Geschlechtermatrix gerade kritisieren.

zeichnet und begrenzt er den Bereich der Intelligibilität und strukturiert dadurch noch einmal die Wahrnehmung der Körper.[14] Kurz gesagt: Die Art der Wahrnehmung der Körper der Subjekte ist durch den je spezifischen Diskurs bestimmt und hängt (un)mittelbar damit zusammen, was in diesem Diskurs sozial anerkannt ist. Diese Grenzziehung zwischen dem Bereich der Intelligibilität und dem Verworfenen bedeutet für Butler nun aber auch, dass Sprache und Begriffe Ausschlüsse bewirken und damit auch Verletzungen provozieren (können). Praktisch bedeutet dies für sie, »die Kategorie anzuführen und dementsprechend eine Identität vorläufig zu stiften und die Kategorie gleichzeitig als einen Ort der dauernden politischen Auseinandersetzung zu öffnen.«[15] Dies impliziert, dass wir »die Ausschlüsse befragen müssen, mit denen er [der Begriff, A.-L.M.] vorgeht«[16] – und so stellt dies einen der anfangs erwähnten Momente in *Körper von Gewicht* dar, in denen Butler versucht, das theoretische Konzept für die Praxis fruchtbar zu machen.

Diese Betonung der Materialität verdeutlicht die in *Das Unbehagen der Geschlechter* vertretene Auffassung, dass das Subjekt ein durch den Diskurs hervorgebrachtes, also ein zuallererst sprachliches, ist und berücksichtigt stärker die Komponente des Körpers. Unter Rückgriff auf die Signifikat-Signifikant-Referent-Beziehung betont Butler, dass zwar der Referent nicht unabhängig vom Signifikat gedacht werden könne (also das Subjekt durch den Diskurs hervorgebracht wird), aber aufgrund der Materialität auch nicht auf es zu reduzieren sei.[17] Auf diesen Aspekt werde ich in den folgenden Unterkapiteln noch eingehender zu sprechen kommen.

[14] Vgl. Butler (1997), S. 259.
[15] Butler (1997), S. 303.
[16] Butler (1997), S. 303.
[17] Vgl. Butler (1997), S. 105.

3.1.2 Das Subjekt als Effekt der Benennung im Diskurs

Der Subjektbegriff, von dem Butler in *Körper von Gewicht* ausgeht, ist ein ganz ähnlicher wie der in *Das Unbehagen der Geschlechter*. Sie konzipiert das Subjekt als ein postmodernes, das im Wechselspiel von Beziehungen entsteht und gerade nicht als ursächlicher Grund für diese Beziehungen angenommen wird. Das Subjekt wird vielmehr durch einen vorgängigen Diskurs geprägt und erhält im Prozess der dort vorgenommenen Bezeichnung seine Identität, die aber nie eine vollständige ist:

> »Wo ein ›Ich‹ vorhanden ist, [...] da ist zuerst ein Diskurs, der dem ›Ich‹ vorhergeht und es ermöglicht [...]. Deshalb gibt es kein ›Ich‹, das *hinter* dem Diskurs steht und seine Volition oder seinen Willen *durch* den Diskurs vollstreckt. Das ›Ich‹ entsteht vielmehr nur dadurch, indem es gerufen wird, benannt wird, angerufen wird, um Althussers Ausdruck zu verwenden, und diese diskursive Konstituierung erfolgt, bevor das ›Ich‹ da ist [...]. Wiedererkennen [...] bildet jenes Subjekt. [...] Die Unmöglichkeit eines völligen Wiedererkennens, d.h., die Unmöglichkeit, den Namen, von dem jemandes soziale Identität inauguriert und mobilisiert wird, jemals ganz auszufüllen, impliziert überdies die Instabilität und Unvollständigkeit der Subjektbildung.«[18]

Bei Althusser wird der Begriff der Wiedererkennung mit Anerkennung gleichgesetzt bzw. folgt dies aus der Übersetzung des französischen *reconnaissance*.[19] Wie in *Das Unbehagen der Geschlechter* konstituiert erst die sprachliche Bezeichnung bzw. Benennung, hier unter Rückgriff auf Althussers Begriff der Anrufung, das Subjekt, welches somit nicht vordiskursiv oder Ursprung des Diskurses sein kann. Die Benennung verbindet dabei die Sprecher (Benenner) miteinander, sowohl zeitlich als auch räumlich, und stellt ein »soziales Bündnis«[20] her. Der Sprache kommt in dieser Konzeption eine derart starke Funktion zu, dass an ihr die Dezentrierung des

[18] Butler (1997), S. 310 [Hervorhebungen im Original].

[19] Vgl. Althusser (1977), S. 141.

[20] Butler (1997), S. 311.

Subjekts exemplifiziert werden kann. Das Subjekt ist auf die Sprache und die durch sie vorgenommene Benennung angewiesen, will es eine Identität erlangen und als intelligibel wahrgenommen werden. Daher wird die Sprache nicht als ein Instrument der Kommunikation von den Subjekten benutzt (obwohl das in einem zweiten Schritt auch geschieht), sondern als etwas Vorhandenes, das den notwendigen Wahrnehmungsrahmen zur Verfügung stellt. Butler formuliert dies am Ende von *Körper von Gewicht* folgendermaßen:

> »Nicht im Besitz der eigenen Worte zu sein ist jedoch von Anfang an gegeben, denn das Sprechen ist in manchen Hinsichten [...] die melancholische, andauernde Wiederholung einer Sprache, die man niemals gewählt hat, die man nicht als ein Instrument, das nur verwendet zu werden braucht, vorfindet, von der man aber gewissermaßen verwendet wird, in der man enteignet wird als die instabile und fortdauernde Bedingtheit des ›man‹ und des ›wir‹, die ambivalente Bedingung der Macht, die bindet.«[21]

Die theoretische Position der Dezentrierung des Subjekts hat auf der literaturwissenschaftlichen Ebene eine (auch zeitliche) Entsprechung, wenn Roland Barthes 1968 in seinem gleichnamigen Aufsatz vom ›Tod des Autors‹ spricht.[22] Radikaler als ein Jahr später Foucault[23] bricht Barthes mit der herkömmlichen Auffassung vom Autor als dem Schöpfer des Werks, als dessen Ursprung. Stattdessen ist der Leser »der Raum, in dem sich alle Zitate, aus denen sich eine Schrift zusammensetzt, einschreiben, ohne dass ein einziges verloren ginge.«[24] Interessant ist, dass Barthes in diesem Text das Schreiben als ein »Performativ«[25] bezeichnet, da es erst im Moment des Gelesen werdens auftritt und somit einer Äußerung gleichkommt. Der Text selbst stellt ein Gewirr aus Zitaten dar, die durch das Schreiben wie-

21 Butler (1997), S. 332.
22 Vgl. Barthes (2000).
23 Vgl. Foucault (2000).
24 Barthes (2000), S. 192.
25 Barthes (2000), S. 189.

derholt werden, aber vom Leser »nur entwirrt, nicht entziffert werden«[26] können.

Ähnlich ergeht es nun dem Subjekt bei Butler, das nicht als kohärenter Ursprung von Handlungen begriffen wird, sondern das erst durch sprachliche Zuschreibungen entsteht und mittels Wiederholungen in seiner so hergestellten Identität bestätigt werden muss, um weiterhin gesellschaftlich anerkannt und damit auch *gesehen* werden zu können – wie der Text, der nur aufgrund der Bemühungen des Lesers existiert.

Butler stimmt allerdings Slavoj Žižek dahingehend zu, dass »das Subjekt keine einseitige Wirkung eines vorgängigen Diskurses ist und [...] der in seinen Grundzügen von Foucault beschriebene Subjektivierungsprozeß einer psychoanalytischen Revision bedarf.«[27] Dies trägt der Kritik an Foucault Rechnung, nach der dem Diskurs, jedenfalls in Foucaults Frühwerk, eine derart starke Funktion zukommt, dass er Ähnlichkeiten mit der Vorstellung eines vorgängigen, autonomen Subjekts aufweist. Um dieser Einseitigkeit entgehen zu können, bezieht Butler in *Köper von Gewicht* die Materialität der Körper mit ein; das Subjekt bleibt allerdings eines, dessen Identität instabil ist, für das diese Instabilität sogar konstitutiv ist und das sich durch die Zurückweisung dessen, was es nicht ist, konstruiert.[28] Der Begriff der Konstruktion, der im Zusammenhang mit der Konzeption des Subjekts immer wieder auftaucht, wird von Butler verstanden als ein »Prozeß der Materialisierung, der im Laufe der Zeit stabil wird«[29]. Damit wird über diesen Vorgang der Konstruktion die (vermeintliche) Stabilität hergestellt, die für die (Selbst-)Wahrnehmung des Subjekts von entscheidender Bedeutung ist. Der Sprache kommt in diesem Zusammenhang die Aufgabe zu, trotz der eigentlichen Instabilität die Identität des Subjekts über die

[26] Barthes (2000), S. 191.
[27] Butler (1997), S. 262.
[28] Vgl. Butler (1997), S. 165f.
[29] Butler (1997), S. 30 [im Original hervorgehoben].

Zeit zu sichern und es damit zu stabilisieren. Unter Rückgriff auf Lacan und Žižek heißt es bei Butler dazu: »Die Instabilität des Ichs wird demzufolge von einer symbolischen Funktion subsumiert oder stabilisiert, die durch den Namen bezeichnet ist«[30]. In dieser Formulierung lässt sich auch noch einmal der Einfluss Althussers ausmachen, denn diese Bezeichnung mit einem Namen ist eine Form der Anrufung. Am Fallbeispiel von Nella Larsens Erzählung *Passing* beschreibt Butler, wie das Öffentlich-werden und -machen von (sexueller) Andersartigkeit, das mit dem *queering* exemplifiziert wird, gleichzeitig auch ein Aufbrechen der »verdrängende[n] Oberfläche der Sprache«[31] bedeutet. Nicht nur die Subjektwerdung, sondern auch die Stabilisierung der Identität als ein spezifisches Subjekt ist maßgeblich durch Sprache bestimmt.

Die Einbindung des Konzepts der Anrufung

Die von Butler beschriebene Konstituierung der eigenen Identität mithilfe von Sprache und Zuschreibungen, die das jeweilige Subjekt mithilfe der Ausgrenzung des jeweils Anderen innerhalb eines herrschenden Dispositivs hervorbringt, zeigt die Verknüpfung von Diskurs- und Anrufungskonzept. Mithilfe der Benennungen, die bei Althusser auf der Ebene der Subjekte als ›Anrufungen‹ beschrieben werden, werden Grenzen gezogen und zwischen dem Ich und dem Anderen etabliert. Im Diskurs werden andere (Lebens-)Formen als undenkbar ausgegrenzt und tabuisiert, so dass im Dispositiv eine bestimmte dieser Formen die hegemoniale Position einnimmt. Gerade dies ist aber der Prozess, der das sozial anerkannte Verhalten als ein solches konstituiert und sichert, also Intelligibilität zuschreibt.

Das Konzept der Anrufung verdeutlicht, inwiefern Butler auch bezüglich des biologischen Geschlechts von kultureller Konstruktion sprechen kann:

[30] Butler (1997), S. 213.
[31] Butler (1997), S. 245.

Vermittels der Sprache wird eine Identität benannt, die sich auf bestimmte organische Unterschiede beruft. Diese Zuordnung von spezifischen Unterschieden zu bestimmten z.B. Geschlechtsbezeichnungen wird durch Wiederholungen stabilisiert und findet durch diese Anrufungen wiederholt – und strukturierend – statt. Althussers Überlegungen zur Subjektwerdung, die schon vor der Geburt einsetzt, gehen einher mit Butlers Beispiel der Zuweisung eines Geschlechts bei der Geburt, die mittels einer sprachlichen Äußerung stattfindet. Dieses Benennen, das in einer Gesellschaft immer wieder von autorisierten Sprechern (dies können auch Gesetze sein) wiederholt wird, wiederholt auch die Normen und die gezogenen Grenzen zum jeweils konstitutiven Außen.[32] Wie ich in der Einleitung zu dieser Arbeit herausgestellt habe, kann den Beispielen der Geschlechtsidentität illustrativer Charakter zugesprochen werden, wenn es um die allgemeiner Ebene der Butler'schen Kulturtheorie geht. In diesem Sinn kann man sagen, dass generell Identität als ein spezifisches gesellschaftliches Subjekt innerhalb eines Diskurses mithilfe des Prinzips der Anrufung konstituiert wird. Sprache operiert dabei auf zwei Ebenen: Zum einen sind die Strukturen, die eine Gesellschaft ordnen, durch den Diskurs sprachlich bestimmt. Zum anderen wird innerhalb dieser Strukturen sprachlich vorgegangen und mit Anrufungen Identität zugeschrieben.

Allerdings geht Butler in einem wichtigen Punkt über Althusser hinaus bzw. arbeitet ihn weiter aus: Die Möglichkeit der Subversion wird von Althusser zwar insofern angesprochen, als er ein Misslingen der Anrufung für möglich hält, aber die Beziehung ist für ihn in erster Linie eine einseitige, vom Gesetz (oder dem Diskurs) auf das Subjekt ausgeübte. Für Butlers theoretische Überlegungen ist allerdings die Wechselseitigkeit dieser Beziehung bedeutsam. In dem Maß, in dem das Subjekt Ungehorsam gegenüber

[32] Vgl. Butler (1997), S. 29f.

dem Gesetz zeigt, also die Anrufung ablehnt, in dem Maß eröffnet sich auch die Möglichkeit zur Veränderung dieser Gesetze:

> »Das Gesetz könnte nicht nur abgelehnt werden, sondern auch aufgesprengt, in eine Neuformulierung hineingezwungen werden, die die monotheistische Kraft seiner eigenen einseitigen Verfahrensweise zweifelhaft werden läßt.«[33]

Diese Betonung der Wechselwirkung von Subjekt und Norm/Diskurs findet sich schon in *Das Unbehagen der Geschlechter* und wird hier nun weitergeführt.

Festhalten lässt sich daher an dieser Stelle, dass der Sprache auch in *Körper von Gewicht* entscheidende Bedeutung für die Konstituierung des Subjekts zukommt. Im folgenden Unterkapitel wird es darum gehen, zu zeigen, wie die Wahrnehmung des Körpers als eines intelligiblen Körpers innerhalb von Machtbeziehungen entsteht. Das letzte Unterkapitel befasst sich dann mit dem Aspekt der Performativität innerhalb der verschiedenen konzeptuellen Ebenen.

3.2 Macht und Körper

Der zentrale Punkt in dem vorliegenden Werk ist sicherlich die Frage danach, wie Körper kulturelle Intelligibilität erlangen und welche Prozesse damit verbunden sind. Im vorangegangenen Unterkapitel wurde schon anhand des Konzepts der Anrufung gezeigt, dass Subjekte vermittels dieser Anrufung spezifische Identitäten zugesprochen bekommen und von Individuen zu Subjekten transformiert werden. Dieser Prozess bedeutet zwei Dinge: Zum einen werden organische Körper als gesellschaftliche Subjekte wahrgenommen, zum anderen wird ihnen kulturelle Intelligibilität zu- oder abgesprochen.

[33] Butler (1997), S. 174.

Es stellt sich nun die Frage, welche Rolle diesen Körpern zukommt, wenn es um die Zuweisung der Intelligibilität geht, und innerhalb welcher und mit Hilfe welcher Machtbeziehungen diese Zuweisung vollzogen wird.

3.2.1 Die Materialität von Körpern und die Zuweisung von Intelligibilität

Butler verfolgt in *Körper von Gewicht* eine dekonstruktiv(istisch)e Kritik an den Begriffen ›Körper‹ und ›Materialität‹. Dies bedeutet, ihrem eigenen Verständnis folgend, nicht, die damit verbundenen Konzepte abzulehnen oder zu verneinen, sondern sie zu de-kontextualisieren und ihr Funktionieren als »Instrumente der Unterdrückungsmacht«[34] aufzudecken. Deutlicher als in *Das Unbehagen der Geschlechter* weist Butler hier den Körper nicht als etwas rein durch Sprache Bestimmtes aus, sondern billigt ihm zu, als Organisches außerhalb des Diskurses zu bestehen. Allerdings ist er so nicht begreifbar, denn – und hier ist Butlers Sprachkonzept von entscheidender Bedeutung (vgl. Kapitel 3.1.1) – das kognitive Begreifen des Körpers findet nur über und in der Sprache statt. Aus diesem Grund kommt den Zuschreibungen, die die einzelnen Subjekte zu denen machen, die sie sind, eine zentrale Rolle zu; diesem Aspekt trägt sie, wie schon beschrieben, Rechnung, indem sie Althussers Konzept der Anrufung einbindet. Die sprachliche Bezeichnung, die zur Bildung einer Identität als ein bestimmtes Subjekt beiträgt und diese stabilisiert, wird zusammen mit der Konzeption eines Anderen, das das sogenannte Außen des Diskurses und das »Verworfene«[35] darstellt und ebenfalls sprachlich bedingt ist, konstitutiv für die Wahrnehmung eines Körpers als kulturell intelligibel. Anhand des Beispiels der Geschlechtsidentität wird dann deutlich, dass auch die binäre Form der biologischen Unterschiede und die darauf

[34] Butler (1993), S. 52.

[35] Butler (1997), S. 23. Zum Begriff des Verworfenen vgl. auch S. 335f., Anm. 4.

aufbauende Kategorisierung in *männlich* und *weiblich* ein kulturelles Konstrukt ist. Diese Unterteilung und damit die Entstehung von bestimmten intelligiblen Körpern entsteht in der Abgrenzung zu dem, was als verworfen gilt, in diesem Fall Homo-, Bi- und Transsexualität.

3.2.2 Intelligible Körper innerhalb von Machtbeziehungen

Wie sich nun gezeigt hat, geht es Butler in ihrer Konzeption nicht darum, organische Gegebenheiten wie den Körper zu verneinen, sondern darum, die sprachliche Bedingtheit der Wahrnehmung dieser Gegebenheiten sowie den Charakter der kulturellen Konstruktion der entsprechenden Wahrnehmungskategorien darzustellen. Das Entstehen dieser Kategorien wird in einem Naturalisierungsprozess verschleiert, welcher innerhalb von Machtbeziehungen und als Resultat derselben entsteht. Diese Verschleierung hat aber, in ihrer Beziehung zur Macht, einen besonderen Charakter:

> »Macht wird in ihren und durch ihre Wirkungen errichtet, wobei diese Wirkungen die verborgenen Arbeitsweisen der Macht selbst sind. Es gibt keine ›Macht‹, die als ein Substantiv aufgefaßt, Verschleierung zu einem ihrer Attribute oder Modi hat. Diese Verschleierung vollzieht sich durch die Konstitution und Formierung eines epistemischen Feldes und einer Anzahl von ›Wissenden‹; wenn dieses Feld und diese Subjekte als vordiskursive Gegebenheiten für selbstverständlich gehalten werden, war die verbergende Wirkung der Macht erfolgreich.«[36]

Die von Butler in diesem Werk vorgenommene Dekonstruktion zielt darauf ab, diesen Prozess der Verschleierung aufzudecken. Mithilfe der dekonstruktivistischen Mittel der Verschiebung, der Dekontextualisierung und der (subversiven) Wiederholung werden die Begriffe auf ihre Verwendungsweisen und Wirkungen hin untersucht und werden so die Voraussetzungen

[36] Butler (1997), S. 345, Anm. 33 [Hervorhebungen im Original].

für die jeweiligen Dispositive aufgedeckt.[37] In Anlehnung an Foucault wird auch hier die Rolle des Diskurses einbezogen, wenn es heißt:

> »Der Diskurs bezeichnet den Ort, an dem Macht in einem gegebenen epistemischen Feld als die historisch kontingente, formierende Macht von Dingen eingesetzt wird. Die Erzeugung materieller Wirkungen ist die bildende oder konstitutive Arbeitsweise von Macht, eine Erzeugung, die nicht als eine einseitige Bewegung von der Ursache zur Wirkung ausgelegt werden kann. ›Materialität‹ tritt nur dann in Erscheinung, wenn ihr kontingent konstituierter Status durch den Diskurs gelöscht, verborgen, verdeckt wird. Materialität ist die unkenntlich gewordene Wirkung der Macht.«[38]

Deutlich wird, dass sich hier das Konzept der Macht und dessen Verbindung mit den Körpern nicht formulieren lässt, ohne das Konzept der Sprache einzubeziehen. Dabei ist vor allem der Begriff des Diskurses entscheidend, innerhalb dessen die Grenzziehungen zwischen dem ›Richtigen‹ und dem ›Falschen‹ vorgenommen werden, d.h. kulturelle Intelligibilität zugesprochen oder abgesprochen wird. Diese Grenzziehung konstituiert und sichert die (vermeintliche) Machtposition, wie z.B. die Heterosexualität, bringt aber dadurch auch die Möglichkeit hervor, dass widerständige Positionen ›im Außen‹ entstehen, wie z.B. Homo- oder Bisexualität. Macht und Widerstand gehen also in dieser Konzeption, und hier wird der Foucault'sche Einfluss erneut deutlich,[39] untrennbar miteinander zusammen und bewirken, dass ›Identität‹ nicht einheitlich und statisch verstanden wird, sondern »als Teil einer dynamischen Landkarte der Macht«[40].

---

[37] Vgl. dazu Butler (1993).
[38] Butler (1997), S. 345, Anm. 33 [Hervorhebung im Original].
[39] Vgl. z.B. Foucault (1983), S. 96.
[40] Butler (1997), S. 168.

3.3 Die Rolle der Performativität

Anders als in *Das Unbehagen der Geschlechter* ist das Konzept der Performativität in diesem Werk stärker an seine ursprünglich sprachphilosophische Bedeutung gekoppelt. Dabei formuliert Butler außerdem eine entscheidende Unterscheidung zwischen dem Begriff der Performanz und dem der Performativität:

> »[D]ie darstellerische Realisierung [*performance*] als begrenzter ›Akt‹ unterscheidet sich von der Performativität insofern, als letztere in einer ständigen Wiederholung von Normen besteht, welche dem Ausführenden vorhergehen, ihn einschränken und über ihn hinausgehen«[41].

Am Beispiel einer bestimmten Form des *drag*[42] macht Butler deutlich, dass es nicht allein um die darstellerische Ausführung gehen kann, mit der eine vermeintlich innere Wahrheit nach außen getragen wird. Denn diese legt nicht offen, welche Naturalisierungsprozesse, die sich über Wiederholungen bestimmter Normen und die Ausgrenzung bestimmter anderer Formen vollzogen, vorher stattfanden und dieser *performance* zugrunde liegen.

Die Performativität von Sprache

Auf diesen Aspekt der Wiederholung von (unbewussten) Normen bezieht sich Butler daher, wenn sie zu Beginn von *Körper von Gewicht* schreibt:

> »Die Performativität ist demzufolge kein einmaliger ›Akt‹, denn sie ist immer die Wiederholung einer oder mehrerer Normen; und in dem Ausmaß,

[41] Butler (1997), S. 321 [Hervorhebungen im Original].

[42] Mit der Bezeichnung *drag* [*dressed as a girl*] bezeichnen sich Personen, die nach dem biologischen Geschlecht als Männer bezeichnet werden, sich aber in Frauenkleidern als Frauen darstellen; unter dem selben Ausdruck (dann übersetzt als *dressed as a guy* gibt es aber auch (biologische) Frauen, die sich dementsprechend als Männer darstellen. Eine deutsche Übersetzung für die männliche Form, die meiner Ansicht nach aber stärker als Schimpfwort verwendet wird, ist *Tunte*.

> in dem sie in der Gegenwart einen handlungsähnlichen Status erlangt, verschleiert oder verbirgt sie die Konventionen, deren Wiederholung sie ist.«[43]

Im Anschluss an diese Feststellung stellt Butler heraus, dass ihr Konzept der Performativität an dasjenige von Derrida anschließt, das die Austin'sche Sprechakttheorie modifiziert. Diese Modifizierung bedeutet eine Dezentrierung des Subjekts im Fall der Sprechakte: Nicht durch ein Subjekt wird ein Phänomen hervorgerufen oder ›erschaffen‹, sondern dieser Vorgang der performativen Äußerung ist lediglich eine Wiederholung – allerdings nicht eines bestimmten Originals, sondern einer anderen, vorhergegangenen Wiederholung. Dieser Vorgang der Iteration, den ich im vorangegangenen Kapitel (2.1.2) ausführlich beschrieben habe, und die damit auch verbundene Dezentrierung des Subjekts sind wichtig, da für Butler gerade die Konstituierung des Subjekts als des vermeintlichen Urhebers einer bestimmten Wirkung ein zentraler Effekt der Performativität ist.[44] Verschleiert wird in diesem Prozess – als Wirkung der Performativität – also, dass das Subjekt seine Identität über Zuschreibungen und Benennungen erhält und somit auch durch den Diskurs hervorgebracht wird.

Unter Einbeziehung des Aspekts der Wiederholung stellt Butler unter Rückgriff auf Lacan fest, dass Performativität und diskursive Produktion in einer zirkelartigen Beziehung zueinander stehen. Am Beispiel der Richter-Gesetz-Beziehung hebt sie hervor, dass mit der Wiederholung bestimmter Strukturen (z.B. Gesetze) durch eine autorisierte Person (z.B. durch den Richter) in einem performativen Akt diese Strukturen gefestigt werden und somit ihre Autorität gesichert wird.[45] Wichtig ist die Rolle des Sprechers dabei insofern, als derjenige über die Autorität verfügen muss, in einem bestimmten Feld zu sprechen. An dieser Stelle kann man auf Aus-

[43] Butler (1997), S. 36 [Hervorhebung im Original].
[44] Vgl. z.B. Butler (1997), S. 36f.
[45] Vgl. Butler (1997), S. 155.

tins Sprechakttheorie verweisen, der das Beispiel der Trauung anführt: Bestimmte Personen besitzen eine Autorität, die ihnen aufgrund ihrer Stellung in einem bestimmten hegemonialen Diskurs zukommt (z.B. ein Standesbeamter innerhalb der bürokratischen Ordnung eines Landes), die es ihnen ermöglicht, z.B. die rechtliche Stellung von anderen Personen zu verändern (z.B. durch den Vollzug der Trauung).[46] In Butlers Worten heißt es dazu: »Performative Akte sind Formen autoritativen Sprechens«[47]. Um der Butler'schen Konzeption gerecht zu werden, muss aber die Sprechakttheorie ausgeweitet und muss stärker vom personalen Sprecher auf die Ebene des Diskurses hin abstrahiert werden. Denn es heißt weiter bei Butler, dass »performative Äußerungen [...] als diskursive Hervorbringungen«[48] verstanden werden müssen. Was bei Butler geschieht, ist, auch und gerade das Handeln der Subjekte als ein ›Sprechen‹ zu verstehen, vermittels dessen Normen gefestigt, Identitäten stabilisiert und Ausschlüsse vollzogen werden, wodurch gleichzeitig aber auch die Möglichkeit eröffnet wird, einen Raum für Subversionen und Veränderungen zu öffnen. Dies geschieht, indem entweder die Wiederholungsprozesse, die mit der Performativität einhergehen, ungewollt misslingen oder sie willentlich verändert/verschoben werden. Damit »bewegt [man] sich sozusagen in der Macht, selbst wenn man gegen sie ist, wird man von ihr im Zuge ihrer Umgestaltung geformt, und es ist diese Gleichzeitigkeit, die zugleich die Bedingung unserer Parteilichkeit, das Maß unserer politischen Unwissenheit sowie die Bedingung des Handelns selbst ist.«[49] Diese Verschränktheit von Subjekt und Macht und der Modus der Wechselwirkung finden sich, wie gezeigt, auch schon in *Das Unbehagen der Geschlechter*; neu ist die Betonung der Performativität als Form der Beschreibung für diesen Zusammenhang:

[46] Vgl. dazu Austin (1979), z.B. S. 25-34.
[47] Butler (1997), S. 309.
[48] Butler (1997), S. 331.
[49] Butler (1997), S. 331.

> »Die Performativität beschreibt diese Beziehung des Verwickeltseins in das, dem man sich widersetzt, dieses Wenden der Macht gegen sie selbst, um alternative Modalitäten der Macht zu erzeugen und um eine Art der politischen Auseinandersetzung zu begründen, die nicht ›reine‹ Opposition ist«[50].

Performativität und Macht

Die Wiederholungen von Normen, die die Performativität ausmachen, sind nach Butlers theoretischer Konzeption immer abhängig von dem Diskurs, der diese Normen als solche bezeichnet und somit hervorgebracht hat und in dem ihnen Wirksamkeit zugesprochen wird. Damit ist auch der Diskurs mit der Performativität verbunden und die »performative Äußerung *ein* Bereich, in dem die Macht *als* Diskurs agiert.«[51] Dabei ist es für Butlers Theorie entscheidend, nicht in die Sichtweise der Moderne zu verfallen und *die* Macht (oder auch *den* Diskurs) wie ein Subjekt zu verstehen, das handelt. Vielmehr handelt es sich dabei um »ein ständig wiederholtes Handeln, das Macht in ihrer Beharrung und Instabilität *ist*.«[52] Diese Instabilität zeigt sich darin, dass die Konstituierung einer hegemonialen Position eines Anderen bedarf, von dem sie sich abgrenzen kann, das sie verbietet; dieses Andere hat aber sofort nach dem Entstehen die Möglichkeit, man könnte auch sagen: die Macht, durch Veränderungen in den konkreten Wiederholungen, also in der *performance*, die hegemoniale Position in Frage zu stellen. In diesem Sinn befinden sich die Subjekte immer in einem Feld der Macht, unabhängig davon, ob sie darin als eine intelligible Form konstituiert sind oder sich im ›Außen‹ des Diskurses befinden. Politisch-praktisch bedeutet dies unter anderem, dass jeder Einzelne in ei-

[50] Butler (1997), S. 331 [Hervorhebung im Original].
[51] Butler (1997), S. 309 [Hervorhebungen im Original].
[52] Butler (1997), S. 309 [Hervorhebung im Original].

ner bestimmten Form parteilich ist und sich ständig in gewisser Weise in der Opposition befindet.[53]

Die Begriffe, die dabei festlegen, wie die Machtfelder ausgerichtet sind, d.h. welche Zuschreibungen stattfinden, decken sich allerdings nicht vollständig mit dem, was durch sie repräsentiert wird. Daher können (nach Butler: sollen) sich diese Bedeutungen verändern und Repräsentationsverschiebungen ereignen.[54] Diese Annahme einer notwendigen Kontingenz der Begriffe führt Butler dazu, anzunehmen, dass »die zeitweilige Totalisierung, die von Identitätskategorien geleistet wird, ein notwendiger Irrtum«[55] ist. In der politischen Praxis kann dies dazu führen, dass eine Aneignung vormals negativ besetzter Begriffe durch die dadurch ausgeschlossenen sozialen Gruppen stattfindet, wie es das Beispiel des Begriffs *queer* zeigt. Wie stark sich dieser Begriff etabliert hat, zeigt der Titel einer US-amerikanischen Fernsehsendung, der mit *Queer Eye for the Straight Guy* mit diesen Kategorisierungen spielt, sie aber gleichzeitig auch in sehr expliziter (dabei aber wahrscheinlich unbewusster) Weise festigt. Insgesamt stellt dieser Aspekt einen Bezug zu dem Thema dar, das Butler in *Haß spricht* ausführlich bearbeitet. Diese Historizität der Bedeutung von Begriffen, d.h. ihre Veränderlichkeit über die Zeit (und wohl auch über den Raum), verdeutlicht auch, dass die Zuordnung bestimmter Körper in den Bereich des Intelligiblen zeitlicher Veränderung unterworfen ist bzw. sein kann. Damit geht auch einher, dass die Subjektformen, denen Intelligibilität zugesprochen wird, immer vor der Gefahr stehen, durch sich verschiebende Machtbeziehungen im ›Außen‹ des Diskurses verortet zu werden und damit ihre Intelligibilität zu verlieren. Dies ist auch ein Grund, warum in vielen Fällen (unbewusst) eine explizite Ausgrenzung des jeweils

[53] Vgl. Butler (1997), S. 331.
[54] Vgl. Butler (1997), S. 316.
[55] Butler (1997), S. 315f.

Anderen, Verworfenen stattfindet und so versucht wird, die bestehenden Strukturen zu festigen, um dieser Gefahr zu entgehen.

In welcher Form diese Resignifizierung vor sich gehen kann und welche Rolle dabei die Geschichtlichkeit der Worte spielt, ist neben anderem Thema des fünften Kapitels dieser Arbeit, das sich mit *Haß spricht* beschäftigt. Das folgende Kapitel beschäftigt sich dagegen am Beispiel von Butlers *Psyche der Macht* vor allem mit den Wirkungen der Machtbeziehungen auf die Psyche der Subjekte und mit der Frage, inwiefern derartige Machtbeziehungen Widerstand seitens der Subjekte hervorrufen.

4 Psyche der Macht

Das dritte Werk Butlers, das in dieser Arbeit behandelt wird, erschien 2001 unter dem Titel *Psyche der Macht. Das Subjekt der Unterwerfung*. Der Titel dieser 1997 im Original erschienenen Essaysammlung lautet *The Psychic Life of Power. Theories in Subjection* und macht deutlich, dass es Butler hier in erster Linie um eine Diskussion verschiedener Theorien der Subjektivation geht. Im Vordergrund stehen die Auseinandersetzungen mit Hegel, Nietzsche und Freud sowie eine ausführliche Beschäftigung mit Foucaults Konzept der Subjektivation und Althussers Konzept der Anrufung. Aufgrund der Thematik dieser Arbeit werde ich mich vor allem mit den Kapiteln beschäftigen, die sich mit Foucault und Althusser beschäftigen. Diese stellen eine ausführlichere Bearbeitung der theoretischen Überlegungen dar, auf die Butler schon in den beiden vorangegangenen Werken *Das Unbehagen der Geschlechter* und *Körper von Gewicht* Bezug nimmt. Die Beschäftigung mit dem Subjekt und dem Prozess der Subjektwerdung stehen dabei im Vordergrund; aus diesem Grund legt auch dieses Kapitel den Schwerpunkt auf diese Frage. Die Aspekte Sprache und Macht werden an die entsprechenden Stellen in die Überlegungen eingefügt. Dabei wird sich zeigen, dass wieder einmal eine strikte Trennung dieser Themen nicht möglich ist, sie vielmehr ineinander greifen und gerade das Konzept der Sprache dabei eine entscheidende Rolle spielt.

4.1 Das Subjekt zwischen Hervorbringung und Unterwerfung

Butler wendet sich in *Psyche der Macht* stärker als bisher dem Begriff der Subjektivation zu und führt unter anderem eine Begriffsbestimmung durch, die in den zwei bisher behandelten Werken fehlt. Dabei stehen die beiden Bedeutungsebenen des Begriffs ›Subjektivation‹ im Mittelpunkt: Zum einen handelt es sich auf der Ebene des Subjekts um die Entstehung dieses Subjekts, d.h. um den Prozess der Subjektwerdung, zum anderen bedeutet es auf der Ebene der Macht ein Unterworfen-werden durch ebendiese Macht.[1] Im Verlauf dieses Kapitels sollen nun zwei Dinge geleistet werden: Erstens wird Butlers Diskussion des Foucault'schen Konzepts der Subjektivation nachgezeichnet und gezeigt, in welcher Hinsicht sich Butlers Ansatz davon unterscheidet. Zweitens wird die Rolle, die der Sprache in diesem Zusammenhang zukommt, beleuchtet; hier wird das Althusser'sche Konzept der Anrufung von Bedeutung sein. Da die Aspekte der Macht und der Sprache auch Thema der anschließenden Unterkapitel sind, werde ich mich in diesem ersten Teil darauf beschränken, Butlers Kritik an Foucault und Althusser darzustellen.

4.1.1 Foucaults Konzept der Subjektivation

Foucault entwickelt u.a. in *Überwachen und Strafen*[2] die Theorie, dass das Subjekt durch den Diskurs nicht nur geprägt, sondern durch ihn hervorgebracht und reglementiert ist. Diese Annahme ist verknüpft mit Foucaults spezifischen Verständnis von Macht, welche produktiven Charakter besitzt. Die in einem Diskurs vorherrschenden Machtbeziehungen wirken sich auf die Individuen aus und bewirken, dass die entsprechenden Subjekte des

[1] Vgl. Butler (2001), S. 8.
[2] Vgl. Foucault (1991).

Diskurses erst hervorgebracht werden. Am Beispiel der modernen Strafjustiz und der Entstehung der Gefängnisse zeigt Foucault, wie die Identität als ›Gefangener‹ oder ›Sträfling‹ erst in diesem Diskurs entstanden ist. Die Hervorbringung des Subjekts durch den Diskurs wird von Foucault als *assujettissement* bezeichnet. In dieser Bezeichnung ist sowohl die Reglementierung als auch die Formung des Subjekts beinhaltet.[3] Nach Butler beschäftigt sich Foucault ausschließlich mit der Subjektwerdung, d.h. mit der Hervorbringung des Subjekts durch den Diskurs, ohne allerdings die psychische Dimension des Unterworfen-werdens auf Seiten des Subjekts zu berücksichtigen.[4] Man könnte auch sagen, dass es ihm stärker um die gesellschaftlichen Strukturen geht, die dazu führen, dass eine bestimmte Form von Subjekten mit der entsprechenden Identität entsteht. Gemäß der in dieser Arbeit schon thematisierten starken Rolle, die Foucault dem Diskurs zumindest in seinem Frühwerk zukommen lässt, wird in *Überwachen und Strafen* der Prozess der Subjektwerdung konzipiert. Der Diskurs wirkt dabei von außen auf den Körper ein und formt ihn entsprechend, so dass er Butler zufolge keinen Raum für die psychische Dimension lässt. Unter Rückgriff aber auf die Stellen bei Foucault, in denen der Diskurs nicht nur von außen auf den Körper einwirkt, »sondern auch dessen Inneres durchdringt«[5], schlussfolgert Butler, dass Foucault dieses Innere und damit die psychische Dimension in seiner Konzeption insgesamt dennoch nicht vollständig ausschließen kann.[6] Worum es Butler bei der Betonung dieses ›Inneren‹, also der psychischen Dimension der Subjektwerdung, vor allem geht, ist die Frage, wo sich der Widerstand des Subjekts, der nach Foucault zwangsläufig mit der auf es wirkenden

[3] Vgl. Butler (2001), S. 35.
[4] Vgl. Butler (2001), S. 8.
[5] Butler (2001), S. 88.
[6] Butler bezieht sich dabei auf den ersten Band von Foucaults *Sexualität und Wahrheit*, in dem er eine ›Geschichte der Körper‹ fordert, die sowohl die materielle als auch die psychische Dimension berücksichtigt. Vgl. dazu Foucault (1983).

Macht einhergeht,[7] anzusiedeln ist. Ihrer Ansicht nach erklärt die Tatsache, dass der Diskurs das Subjekt hervorbringt, nicht, dass in diesem Prozess auch Widerstand gegen eben diese hervorbringende Macht entsteht. Butlers Darstellung der Entstehung des intelligiblen Körpers in *Körper von Gewicht* ist ähnlich konzipiert wie auch Foucaults Darstellung der Subjektivation als eines Prozesses, in dem das Subjekt wiederholt erzeugt wird. In diesen Wiederholungen ist nun bei Foucault die Möglichkeit der Subversion angelegt;[8] am Beispiel der juridischen Gesetze stellt Foucault dar, dass »der Disziplinierungsapparat also Subjekte [erzeugt], aber als Folge dieser Erzeugung [...] die Bedingungen für das Unterlaufen dieses Apparats selbst in den Diskurs [trägt].«[9] Butlers Frage richtet sich nun dahingehend an Foucault, welche Rolle der Körper in diesem Konzept spielt. An diesem Punkt versucht Butler, die Psychoanalyse einzubeziehen und in Foucaults Körper-Konzept das zu sehen, was für die Psychoanalyse – und für Butler – die Psyche ist: der Ort, an dem der Widerstand gegenüber der hervorbringenden Macht angesiedelt ist und »das, was die Gebote der Normalisierung überschreitet und missachtet.«[10] Unklar bleibt allerdings in dieser Auseinandersetzung mit Foucault, inwiefern Butler wirklich über dessen Ansatz hinausgeht, oder ob sie nicht vielmehr, wie ich denke, seine Überlegungen in eine psychoanalytische Sprache ›übersetzt‹. Sollte diese Annahme richtig sein, gelingt es ihr dadurch allerdings auf überzeugende Weise, auch die Psyche in ihr Konzept einzubeziehen, so dass dieses so erweiterte Konzept praxisnäher operieren kann. Es wird dadurch nämlich möglich, Phänomene wie das Gewissen oder das Unbewusste in Anlehnung an Freud und die Psychonanalyse insgesamt zu integrieren, die bezüglich der Fragen nach Individualität, Handeln und Ethik eine wichtige Rolle

---

[7] Vgl. Foucault (1983), S. 96.
[8] Vgl. Butler (2001), S. 89f.
[9] Butler (2001), S. 95f.
[10] Butler (2001), S. 91.

spielen. Diese Aspekte einzubeziehen ist wiederum für Butlers Anspruch wichtig, ihr theoretisches Konzept für die gesellschaftspolitische Praxis anwendbar zu machen, wie dies schon in *Körper von Gewicht* deutlich wurde.

Für den Kontext dieser Arbeit ist daher in jedem Fall die Tatsache festzuhalten, dass sich Butlers Vorstellung der Subjektivation stark an Foucaults anlehnt und sie seine Annahme eines produktiven Charakters der auf das Subjekt wirkenden Macht als Grundlage für ihr Konzept übernimmt. Wie im Kapitel 2 ausführlich beschrieben, ist des Weiteren die Rolle, die beide dem Diskurs zukommen lassen, ähnlich, was sich ebenfalls auf die Wechselbeziehung von Sprache und Subjekt auswirkt.[11] Im folgenden Unterkapitel wird es nun um den Aspekt der Benennung gehen, dem Butler, unter Rückgriff auf Althusser und wiederum Foucault, eine wichtige Funktion bei der Subjektwerdung zuspricht.

4.1.2 Die Bedeutung der Benennung für die Subjektwerdung

In der ausführlichen Auseinandersetzung mit Foucault und Althusser, die *Psyche der Macht* kennzeichnet, wird noch einmal deutlich, wie stark ihr Konzept der Sprache von den Konzepten dieser beiden beeinflusst ist. Ihre kritische Diskussion dieser Konzepte konzentriert sich auf das, was sie das ›Paradox der Referentialität‹ nennt: die Tatsache, dass auf etwas zurückgegriffen wird, das eigentlich erst im Prozess (z.B. der Anrufung) entsteht.[12] Wie im vorangegangenen Unterkapitel deutlich wurde, baut Butler auf Foucaults Konzept auf, das dem Diskurs die entscheidende Rolle im Prozess der Subjektwerdung zuspricht. Die Bezeichnungen, die im Diskurs vorgenommen werden, schreiben dem Subjekt eine spezifische Identität zu; interessant ist, dass bei diesen Zuschreibungen eine

[11] Vgl. dazu Butler (2001), S. 8.
[12] Vgl. Butler (2001), S. 10.

Totalisierung dieser dadurch entstandenen Identität bzw. eine Reduktion *auf* diese Identität erfolgt. Dazu heißt es bei Butler, die sich auf Foucault beruft: »Je spezifischer Identitäten werden, desto mehr wird eine Identität eben durch diese Besonderheit totalisiert.«[13] In diesem Sinn wird das Subjekt durch die sprachlichen Benennungen auch reguliert und so die gesellschaftliche Wirklichkeit entsprechend strukturiert: Im heterosexuellen Diskurs ist man heterosexuell, entweder Frau oder Mann, und das Begehren richtet sich auf das entsprechende andere Geschlecht. Als Abgrenzung wird sich der Homosexualität als Opposition bedient, die in dieser Matrix ebenso binär strukturiert ist; in allen Fällen, gerade aber im Fall alternativer Identitätsformen, bedeutet die Identitätszuschreibung eine Reduktion auf das Merkmal, das unterscheidet, z.B. die sexuelle Orientierung.

Unter Einbezug von Althussers Konzept der Anrufung verdeutlicht Butler, dass das Erlangen einer Identität auch durch diskriminierende Begriffe vor sich gehen kann;[14] dies verdeutlicht, in welcher Weise die Identitäten der Subjekte in einem jeweiligen gesellschaftlichen Zusammenhang von dem abhängig sind, der über die Autorität verfügt, diese Zuschreibungen vorzunehmen. Dabei darf man diese Autorität wiederum nicht personal verstehen: Entsprechend der Foucault'schen Überzeugung ist es auch bei Butler der Diskurs, der diese Zuweisungen vornimmt. Gleichzeitig gilt auch hier eine bedeutsame Wechselwirkung: Da erst ein Subjekt mit einer Identität in einem Diskurs sprechen kann und als Mitglied der sozialen Gemeinschaft anerkannt ist, muss das Subjekt diese Anrufung zunächst einmal akzeptieren, um überhaupt eine Identität zu besitzen – auch wenn die damit verbundene Zuweisung diskriminierend ist. Damit geht nicht nur einher, dass die Bedingungen der Anrufung von dem Subjekt zumindest zeitweise anerkannt werden, sondern auch, dass sie für die Zeit der Aner-

[13] Butler (2001), S. 96.
[14] Vgl. Butler (2001), S. 99.

kennung übernommen und damit auch wiederholt und gefestigt werden. Dies gilt solange, bis das Subjekt subversiv handelt, d.h. diese Bedingungen zu unterlaufen beginnt, z.B. indem Benennungen umgedeutet werden – homosexuell zu sein bedeutet dann etwa, positiv gewendet, als besonders kreativ und stilvoll zu gelten.[15]

In der Auseinandersetzung mit Althusser geht Butler der Frage nach, warum das Individuum die Anrufung annimmt, so zu einem gesellschaftlichen Subjekt wird und damit auch die Unterwerfung unter z.B. ein Gesetz akzeptiert.[16] In der Rekonstruktion des Althusser'schen Konzepts der Anrufung stellt Butler heraus, dass die Wendung des Individuums zum Gesetz bzw. zu einer autoritativen Stimme und damit die Annahme dieser Anrufung eine Identität verspricht (nämlich die eines gesellschaftlichen Subjekts), gleichzeitig aber auch die Annahme einer Schuld bedeutet.[17] Diese Schuld leitet sie aus der Tatsache her, dass Althussers Beispiel der Anrufung ein juridisches ist[18] und eine Disziplinierungsmaßnahme darstellt, der Angerufene also diszipliniert wird und sich daher schuldig fühlt.[19] Butler verweist auf die Problematik dieser Annahme einer »Bereitwilligkeit, Schuld zu akzeptieren, um Identität zu gewinnen«[20], auf der Althussers Konzept der Anrufung aufzubauen scheint. Dem Gewissen kommt,

---

[15] Die von mir in Kapitel 2 erwähnte US-amerikanische Fernsehsendung *Queer Eye for the Straight Guy* macht sich genau dies zu eigen: Homosexuelle Männer, denen ein besonderes Stilempfinden und eine besondere Wertschätzung auch der eigenen Ästhetik unterstellt wird (ein Klischee, das sie und dessen sie sich explizit bedienen), beraten einen heterosexuellen Mann, der über all dies vermeintlich nicht verfügt. Das Thema der subversiven Umdeutung wird in *Haß spricht* wesentlich ausführlicher behandelt.

[16] Vgl. Butler (2001), S. 10f. und S. 101.

[17] Vgl. Butler (2001), S. 103. Die (Um-)Wendung [griech. *trópos*] ist bei Butler ein so zentraler Begriff, dass sie auch von einer ›tropologischen Bewegung des Subjekts‹ spricht.

[18] Althusser benutzt das Beispiel eines Polizisten, der einen Passanten auf der Straße anspricht. Wichtig ist, dass die französische Bezeichnung *interpellation* der Ausdruck für eine vorübergehende Festnahme zur Überprüfung Verdächtiger ist. Vgl. dazu Althusser (1977), S. 142f. sowie S. 153, Anm. 18.

[19] Vgl. Butler (2001), S. 91.

[20] Butler (2001), S. 103.

so Butler, in dieser Konzeption eine wichtige Rolle zu, »wobei der Begriff ›Gewissen‹ das Sagbare und allgemeiner noch das Repräsentierbare beschränken soll.«[21] Diese Beschränkung geht der Subjektivation voraus, so dass auch hier, wie bei Foucault, regulierende Mechanismen am Werk sind, die bestimmte Formen des Subjekts unterdrücken. So wird auch verständlich, dass die Subjektivation für Althusser eine »*Ver*kennung, eine falsche und vorläufige Totalisierung«[22] darstellt, denn sie berücksichtigt nie die Gesamtheit der möglichen Identitäten. Zudem ist, wie in Kapitel 3.1.2 erwähnt, auch in Althussers Konzept der Akt der Anrufung immer einem möglichen Misslingen ausgesetzt.[23] Butler wendet dieses mögliche Scheitern in das Potential einer kritischen Desubjektivation um, mit der in politisch-praktischer Weise sowohl die konstitutiven Mechanismen aufgedeckt als auch produktiv angewandt werden können.[24]

Interessant ist in diesem Zusammenhang, wie Althusser die Hervorbringung des gesellschaftlichen Subjekts an die Sprache koppelt. Im Zusammenhang mit dem Versuch, die Marx'sche ›Reproduktion der Arbeitskraft‹ zu erklären, verweist er auf die Bedeutung der Sprache; die Aneignung bestimmter Fähigkeiten ist nötig, um die spezifische Praxis der Ideologie, wie es bei Althusser heißt, zu beherrschen und als ›gutes Subjekt‹ anerkannt zu werden.[25] Überträgt man diese Vorstellung in Butlers Terminologie, so ist ein Subjekt dann intelligibel, wenn es die Bezeichnungen des Diskurses anerkennt und die damit verbundenen Beziehungen im Diskurs wiederholt und somit stabilisiert. Bei Althusser heißt es dazu, in Butlers Worten: »Je mehr eine Praxis beherrscht wird, desto vollständiger die Subjektivation.«[26] Dies legt auch eine Verbindung zu Pierre Bourdieus

[21] Butler (2001), S. 108.
[22] Butler (2001), S. 106 [Hervorhebung im Original].
[23] Vgl. z.B. Butler (2001), S. 121ff.
[24] Vgl. Butler (2001), z.B. S. 122f.
[25] Vgl. Althusser (1977), S. 112.
[26] Butler (2001), S. 110.

Theorie der Praxis nahe, auf die aber erst in den folgenden Kapiteln eingegangen wird.

Unterwerfung (unter die Praktiken des Diskurses) und Beherrschung (dieser Praktiken) finden also gleichzeitig statt und werden nicht ausgeführt, sondern stellen vielmehr »die Möglichkeitsbedingung für die Entstehung des Subjekts«[27] dar. Dabei ist die Konstitution insofern materiell, als sie über Rituale vollzogen wird, welche die (immateriellen) Vorstellungen materialisieren. Damit verbinden sich bei Althusser die Ebenen des Außen (des Materiellen) und des Innen (des Immateriellen)[28] und zeigen deutlicher als bei Foucault die Wechselbeziehungen dieser beiden Aspekte, welche auch für Butlers Konzepte wichtig ist.

4.1.3 Die Beziehung von Individuum und Subjekt

Wie auch in *Körper von Gewicht* setzt sich Butler in diesem Werk mit dem Prozess auseinander, der das einzelne Individuum zum gesellschaftlichen Subjekt macht. Ihrer Ansicht nach spielt dabei die Sprache eine entscheidende Rolle, da erst mit ihrer Hilfe das Subjekt in der Lage ist, sich zu artikulieren und so einen Platz in der Gesellschaft einzunehmen, d.h., sich dort zu verorten. Das Subjekt ist in diesem Zusammenhang »als sprachliche Kategorie«[29] zu begreifen und als »die sprachliche Gelegenheit des Individuums, Verständlichkeit zu gewinnen und zu reproduzieren, also [als] die sprachliche Bedingung seiner Existenz und Handlungsfähigkeit.«[30] Die Aufgabe der Genealogie als Methode ist es dabei, herauszustellen, dass ›Subjekt‹ und ›Individuum‹ nicht deckungsgleich sind und dass jedes Individuum erst den Prozess der Subjektivation durchlaufen muss, um zum

[27] Butler (2001), S. 110.
[28] Man könnte hier auch in traditionell marxistischen Termini von ›Basis‹ und ›Überbau‹ sprechen.
[29] Butler (2001), S. 15.
[30] Butler (2001), S. 15.

Subjekt werden zu können. Butler gesteht dabei zu, dass sich dabei die Genealogie mit einem zirkulären Prozess beschäftigt, da das, was erklärt werden soll (nämlich das Subjekt), bei der Analyse schon vorausgesetzt wird.[31] Der Begriff des Individuums verliert damit seine moderne Bedeutung als Bezeichnung eines autonom handeln könnendes Wesen, das in einer gesellschaftlichen Gruppe agiert. Stattdessen macht die Subjektivation deutlich, dass das Subjekt als ein dem Diskurs nachgängiges konzipiert ist, das in Abhängigkeit von diesem Diskurs und von den auf es wirkenden, über die Sprache artikulierten Machtbeziehungen entsteht. Butler wirft dabei in Zusammenhang mit Althussers Konzept der Anrufung die Frage auf, aus welchem Grund das Subjekt diese Anrufung annimmt, selbst wenn sie diskriminierend und/oder verletzend wirkt. Dieser Aspekt wird an dieser Stelle nicht abschließend behandelt; das kurz vorher erschienene *Haß spricht*, das im folgenden Kapitel behandelt wird, behandelt die Frage, ob das Subjekt auch durch Sprache konstituiert werden kann, wenn es nicht anwesend ist, also die Anrufung nicht annehmen kann.

Insgesamt ist Butler der Ansicht, dass der Übergang vom Individuum zum Subjekt nur mittels des Prozesses ablaufen kann, den sie Subjektivation nennt. Die Sprache ist in dieser Konstellation insofern nötig, als sich das Individuum nur über sie als ein Subjekt (in) einer Gesellschaft mitteilen kann, das Subjekt »also die sprachliche Bedingung seiner [des Individuums, A.-L.M.] Existenz und Handlungsfähigkeit [ist].«[32] Wie schon in *Körper von Gewicht* billigt Butler dem Individuum – bzw. dort dem Körper – eine quasi vordiskursive Existenz zu, die aber erst mit dem Durchlaufen des Prozesses der Subjektivation gesellschaftliche Bedeutung erlangt und zu einem Subjekt wird. Offen bleibt meiner Ansicht nach an dieser Stelle allerdings, ähnlich wie in *Körper von Gewicht* bezüglich des Körpers, in-

---

[31] Vgl. Butler (2001), S. 16. Dies ist das schon erwähnte, von Butler als ›Paradox der Referentialität‹ bezeichnete Phänomen. Vgl. dazu Butler (2001), S. 10.

[32] Butler (2001), S. 15.

wiefern das Individuum als dem Diskurs vorgängig gedacht werden kann. Man könnte argumentieren, dass die Konzepte von Individuum und Körper eine andere theoretische Ebene darstellen als das Subjekt, nämlich die des Biologisch-Organischen. Von dem Moment an, an dem in irgendeiner Weise sprachlich agiert wird, d.h. auch gesellschaftlich, befindet man sich auf der Ebene, auf der das Individuum als Subjekt, nämlich innerhalb gesellschaftlicher Strukturen und Beziehungen und daher als soziales Wesen, begriffen wird. Nach dieser Perspektive wäre das Individuum (der Körper) mit Einschränkungen ohne das Subjekt, aber nicht das Subjekt ohne das Individuum bzw. den Körper zu denken. Die Einschränkungen gründen daher, dass jeder Versuch, sich auf das ›Individuum‹ zu beziehen, mittels sprachlicher Kategorien erfolgt, die wiederum aus dem ›Individuum‹ im Moment der Betrachtung schon ein ›Subjekt‹ gemacht haben. Aus diesem Grund kann die Annahme einer vordiskursiven Existenz des Individuums in Butlers konzeptionellem Schema nur theoretischer Natur sein, da ein Denken ohne Sprache seit dem *linguistic turn* – wie im vorangegangenen Kapitel gezeigt – nicht möglich zu sein scheint. Den begrifflichen und konzeptionellen Unterschied zwischen dem Individuum und dem Subjekt deutlich zu machen, ist dabei für Butler die Aufgabe der Genealogie.[33]

4.2 Die psychische Form der Macht

Butlers eigener Anspruch ist es in diesem Werk, an Foucault anknüpfend, ›Macht‹ zu untersuchen und dabei den Fokus stärker als dieser auf die psychische Dimension zu legen. Ich werde mich in diesem Unterkapitel aufgrund der Komplexität und dem psychoanalytischen Fokus ihrer Untersuchung auf diejenigen Aspekte beschränken, die in Beziehung zu Sprache und Subjekt stehen. ›Macht‹ wird bei Butler immer in einer doppelten

[33] Vgl. Butler (2001), S. 15f.

Weise begriffen: Zum einen geht es ihr um die Beziehungen und Prozesse, die die Entstehung des Subjekts bewirken, die also von außen, z.B. durch den Diskurs, auf das Subjekt wirken und es hervorbringen. Zum anderen geht es um die Macht, die vom Subjekt selbst ausgeht und die auf andere Subjekte und den Diskurs wirkt. In beiden Fällen wirkt Macht produktiv, hat aber immer auch eine regulierende Komponente. Die Tatsache, dass Machtbeziehungen auch vom Subjekt ausgehen, ist die Ursache dafür, dass das Subjekt gemeinhin als Urheber dieser Macht betrachtet wird:

> »Als Bedingung geht die Macht dem Subjekt vorher. Wird die Macht jedoch vom Subjekt ausgeübt, verliert sie den Anschein ihrer Ursprünglichkeit; in dieser Situation eröffnet sich die umgekehrte Perspektive, daß Macht die Wirkung des Subjekts ist und daß Macht das ist, was Subjekte bewirken.«[34]

Dies bedeutet, dass sich am Punkt der Subjektwerdung auch die Richtung der Macht-Subjekt-Beziehung verändert: Ist zuerst das Subjekt die eindimensional hervorgebrachte Wirkung, scheint es nun in ebenso eindimensionaler Weise Macht auszuüben. Gleichzeitig ist die Macht, die dieses Subjekt ausübt, eine, die die Wirkungen des Diskurses auf wieder andere Subjekte überträgt, welche somit durch diesen Diskurs in einer bestimmten Weise hervorgebracht werden. Verschleiert wird dabei die Wechselwirkung zwischen diesen beiden Formen der Macht, die aber diese Beziehung gerade erst konstituiert. Diese zirkuläre Beziehung, auf die schon im vorangegangenen Unterkapitel eingegangen wurde, ist im Fall der Macht zum einen die Möglichkeits-/Existenzbedingung des Subjekts, zum anderen »das, was vom Subjekt aufgenommen und im ›eigenen‹ Handeln des Subjekts wiederholt wird.«[35]

Diese Verschleierung der Entstehungsbedingungen spielte schon in *Körper von Gewicht* eine wichtige Rolle. Ging es dort um die Strategien, mit

[34] Butler (2001), S. 18.
[35] Butler (2001), S. 18 [Hervorhebung im Original].

denen diskursiv erzeugte Beziehungen als natürliche dargestellt und mit Hilfe der Performativität gefestigt wurden (vgl. Kapitel 3.3), geht es hier vor allem um die Erzeugung der Vorstellung eines Subjekts, das als ein vermeintlich autonom handelndes Macht ausüben kann. Auch hier ist es wieder die Genealogie, die es leisten kann, die Entstehung solcher Vorstellungen aufzudecken. Allerdings gibt Butler zu, dass weder der Punkt, an dem ›Macht‹ von der Existenzbedingung des Subjekts zur Wirkung des handelnden Subjekts wird, noch der Übergang von einem Zustand zum anderen begrifflich zu fassen oder zu vollziehen ist.[36]

Die Frage ist nun für Butler, wie sich diese »wichtige und potentiell ermächtigende Umkehrung ereignet«[37] und wo der Widerstand anzusiedeln ist, von dem Foucault spricht und der auch für Butlers Theorie von entscheidender Bedeutung ist. Um zu einer Antwort zu gelangen, wendet sie sich, wie erwähnt, der psychischen Dimension der Machtbeziehungen zu.

Unter Rückgriff auf Foucaults Subjektivationskonzept (vgl. 4.1.1) versucht Butler, die Wirkungen dieser Beziehungen auf das Subjekt und seinen Körper nachzuvollziehen. Indem sie bei Foucault die Stellen aufspürt, in denen er solche Machtbeziehungen auch auf das Innere und nicht nur auf den äußeren Körper wirken lässt, schlägt sie eine Brücke zur Psychoanalyse und reformuliert den Foucault'schen Ansatz in dieser Weise. Butler benutzt dabei unter anderem den von Freud geprägten Begriff der ›Melancholie‹, um am Beispiel der Geschlechtsidentität die psychischen (Aus-)Wirkungen der auf das Subjekt wirkenden Macht- und Diskursbeziehungen darzustellen.[38] Dem Subjekt, das in einem heterosexuellen Diskurs eine bestimmte (heterosexuelle) Geschlechtsidentität erhält, wird gleichzeitig eine andere Geschlechtsidentität, z.B. eine homosexuelle, durch den Diskurs verboten.

[36] Vgl. Butler (2001), S. 19.
[37] Butler (2001), S. 17.
[38] Vgl. Butler (2001), z.B. S. 125-156.

In psychoanalytischen Termini formuliert, entsteht durch dieses Verbot eine Melancholie, die das Verbotene am Leben erhält.[39] Übertragen auf den für Butler wichtigen Aspekt der Wiederholung, der erst die Subversion und damit die Veränderung von Strukturen ermöglicht, bedeutet dies folgendes: Alternative Handlungs- und Identitätsformen bleiben erhalten und besitzen so eine latente Existenz im ›Ich‹. Die vorangegangene Unterwerfung unter einen bestimmten Diskurs, z.B. den der Heterosexualität, und dessen Machtbeziehungen bedeutet das Verbot der alternativen Formen, die aber, sozusagen als Spuren, im Subjekt erhalten bleiben, und zwar, in Anlehnung an Foucault, im ›Inneren‹ dieses Subjekts. Damit ist die psychische Dimension der Macht erfasst, um die es Butler geht:

> »In jedem Fall nimmt die Macht, die zunächst von außen zu kommen und dem Subjekt aufgezwungen und es in die Unterwerfung zu treiben schien, eine psychische Form an, die die Selbstidentität des Subjekts ausmacht.«[40]

Gleichzeitig wird, wenn man dieser Argumentation folgt, deutlich(er), wo und wie der Widerstand gegen diese Macht entsteht: nämlich im Subjekt selbst und als (notwendige) Reaktion auf die hervorbringende Wirkung des Diskurses. Die Umkehrung des Status der Macht, nach der Butler zu Beginn ihres Buches fragt, scheint also im Moment der Subjektwerdung stattzufinden, und wiederum kommt der Sprache – über den Diskurs – eine bedeutsame Rolle zu, wenn sie hier auch nicht im Mittelpunkt steht. Das nun anschließende Kapitel widmet sich dagegen mit *Haß spricht* wieder einem Buch, in dem die Frage nach der Sprache explizit in den Vordergrund gerückt wird und die gesellschaftliche Dimension stärker zum Tragen kommt.

---

[39] Vgl. Butler (2001), S. 157.
[40] Butler (2001), S. 9.

5 Haß spricht

Als letztes soll in dieser Arbeit nun die Essaysammlung *Haß spricht. Zur Politik des Performativen* behandelt werden. Diese erschien 1997 im Original, kurz vor der im vorangegangenen Kapitel behandelten Essaysammlung *Psyche der Macht*, und zwar unter dem Titel *Excitable Speech. A Politics of the Performative.* Eine deutsche Übersetzung erschien erstmals 1998, die hier verwendete Übersetzung erschien 2006 im selben Verlag wie die anderen hier vorgestellten Werke Butlers. Der etwas unglückliche deutsche Titel rührt von dem zentralen Thema des Buches her, der sogenannten *hate speech.* Damit wird im US-amerikanischen Sprachgebrauch »jede verletzende Rede wie Beleidigung, Drohung, Schimpfnamen«[1] bezeichnet; Butler geht es dabei in erster Linie um die Frage, warum bestimmte Äußerungen und Benennungen verletzen können und wie sich diese Verletzungen zutragen. In diesem Zusammenhang beschäftigt sie sich mit den Versuchen US-amerikanischer Institutionen, bestimmte Äußerungen mittels eines Verbots aus dem öffentlichen Leben zu entfernen. Ihrer Ansicht nach ergibt sich mit diesem Versuch aber die paradoxe Situation, dass gerade die Verbote die Äußerungen hervorrufen und stabilisieren. In einem weiteren Schritt versucht sie in der Auseinandersetzung mit Jacques Derrida und Pierre Bourdieu, einen möglichen Weg aufzuzeigen, wie verletzende Benennungen umgedeutet und damit ihrer Macht zu verletzen beraubt werden können. Insgesamt geht es also stärker als in den bisherigen Ar-

[1] Butler (2006a), Klappentext.

beiten um die Rolle von performativen Sprechakten im gesellschaftlichen Alltag und in der politischen Praxis.

In diesem Kapitel werde ich zuerst aufzeigen, wie Butler die Bedeutung der Sprache im gesellschaftlichen Kontext konzipiert. Anschließend gehe ich auf die Konstitution des Subjekts durch Sprache ein und stelle dar, in welcher Form Butler neue Aspekte in ihr Subjektkonzept einführt. Das darauffolgende Unterkapitel widmet sich dem Konzept der Macht, das in *Haß spricht* eher implizit behandelt wird und vor allem im Zusammenhang mit der Möglichkeit der Veränderung bestehender Strukturen und Bedeutungszuschreibungen Erwähnung findet. Abschließend werden die Aspekte der Zensur und der Geschichtlichkeit von Begriffen behandelt, da diese gerade für die Rezeption in Deutschland von Bedeutung sind; dabei dienen Fallbeispiele dazu, diese Übertragung auf den deutschen Kontext zu illustrieren.

An einigen Stellen werden zudem, wie in der Einleitung angekündigt,[2] Verweise auf die kürzlich erschienenen Bücher *Giving an Account of Oneself* und *Precarious Life* vorgenommen werden; dies dient dazu, bestimmte Punkte stärker herauszustellen.

5.1 Die gesellschaftliche Wirkung von Sprache

Stärker als in den bisher behandelten Werken wendet sich Butler in *Haß spricht* der gesellschaftlichen Komponente von Sprache zu. Zwar ging es ihr auch in den anderen Texten um den gesellschaftlichen Kontext, in dem Sprache angewandt wird, doch stand dort das gesellschaftliche Subjekt im Vordergrund, das durch Sprache konstituiert wird. In den vorliegenden Essays geht es dagegen darum, dass bestimmte Handlungen, z.B. das Verbot ausgewählter Äußerungen, eine entsprechende Wirkung die-

[2] Vgl. Kapitel 1.2 dieser Arbeit.

ser sprachlichen Äußerungen, z.B. Diskriminierung, erst möglich machen und diese Wirkung stabilisieren. Dies bedeutet, dass es vor allem um das ›Sprechen‹ als Handlung geht, also um die Anwendung von Sprache, und die daraus entstehenden Wirkungen – auf die Subjekte, die Sprache selbst, den Diskurs. Ich werde im nächsten Unterkapitel gesondert auf das ›Subjekt‹ eingehen; auf Grund der Unmöglichkeit, strikt zwischen den Konzepten zu unterscheiden, lässt sich eine gewisse Überschneidung allerdings nicht vermeiden.

Zentral sind für Butler die Fragen, wie performative Äußerungen wirken, wie diese Wirkungen entstehen und wie sie die entsprechende Macht entfalten können. Um diese Fragen beantworten zu können, greift sie nicht nur auf die Austin'sche Theorie der Sprechakte und auf dessen Unterscheidung von illokutionären und perlokutionären Sprechakten zurück, sondern bindet auch Derridas Konzept der Iterierbarkeit sowie Bourdieus Habitus-Konzept ein. Zudem wird, wie schon in *Körper von Gewicht* und *Psyche der Macht*, Althussers Konzept der Anrufung einbezogen, und Foucaults Diskursbegriff bildet insgesamt die Grundlage von Butlers Auseinandersetzung mit den Wirkungen von Sprache.

Im Folgenden werde ich nun auf Butlers Bearbeitung dieser verschiedenen Konzepte eingehen und darstellen, in welcher Form sie diese Konzepte in ihre Sprachtheorie integriert.

5.1.1 Performative Äußerungen

Um der Frage nachzugehen, wie und warum Sprache verletzen kann, greift Butler erneut auf Austins Theorie der Sprechakte zurück. Anders als in den anderen Werken geht es ihr dabei um die Kategorisierung von Äußerungen, die ihrer Ansicht nach nötig ist, um angemessen über die Wirkungen von Sprache sprechen zu können. Wichtig ist in diesem Zusammenhang die

Unterscheidung von performativen und konstativen Sprechakten, also von hervorbringenden und feststellenden Äußerungen.

Austin unterscheidet in seinen Vorlesungen, die zum ersten Mal 1962 unter dem Titel *How to do things with Words* veröffentlicht wurden, zunächst grundsätzlich zwischen performativen Äußerungen und konstativen Aussagen. Unter letzteren versteht man Feststellungen, die wahr oder falsch sein können, während erstere vollziehende Äußerungen sind und glücken bzw. misslingen können.[3] Bekannte und besonders einleuchtende Beispiele für performative Äußerungen sind Wetten und Versprechen sowie das Vollziehen einer Taufe oder einer Hochzeit. Dabei müssen bestimmte Voraussetzungen erfüllt sein, damit diese Sprechakte gelingen können: In den ersten beiden Fällen müssen die Institutionen des Wettens und des Versprechens von den beiden Sprechern anerkannt sein, in den beiden anderen Fällen müssen die jeweiligen Sprecher autorisiert sein, die entsprechenden Handlungen zu vollziehen.[4]

In einem weiteren Schritt finden bei Austin zwei wichtige Verschiebungen statt: Zum einen wendet er sich von der Annahme, performative Sätze seien eine besondere Klasse von Sätzen, ab und der Auffassung einer allgemeinen Klasse von performativen Äußerungen zu. Diese lassen sich in explizite Performative und implizite Performative unterteilen. Erstere beinhalten danach die vormals als performativ bezeichneten Äußerungen, während letztere »eine große Zahl wieterer [sic!] Äußerungsarten umfassen, wenn nicht sogar alle.«[5] Die Konsequenz ist, dass somit fast alle Äußerungen performativen Charakter besitzen; dies ist von Bedeutung,

[3] Vgl. dazu Austin (1979), S. 25-34.

[4] Im Zusammenhang mit der Performativität von Sprache bin ich in Kapitel 3.3 schon kurz auf das Beispiel der Hochzeit eingegangen. Ging es dort jedoch vor allem um das autoritative Sprechen als Voraussetzung für das Gelingen des Sprechaktes, liegt der Fokus in *Haß spricht* auf dem Hervorbringen von Wirkungen verschiedenster Art.

[5] Levinson (2000), S. 252.

da meiner Ansicht nach auch in Butlers Konzeption fast alle sprachlichen Handlungen mit performativer Macht ausgestattet sind.

Die zweite Verschiebung findet bezüglich der Unterscheidung performativ versus konstativ statt: War diese Unterscheidung zu Beginn zentral, entwickelt Austin nun eine Theorie der illokutionären Akte, nach der performative Äußerungen und konstative Aussagen lediglich deren Untergruppen sind.[6] Die ›Illokution‹ bezeichnet dabei das, was im Fall des Sprechens getan wird (z.B. das Äußern eines Versprechens), während die ›Perlokution‹ die Handlung meint, die durch das Sprechen vollzogen wird (z.B. das dadurch wirksam gewordene und gültige Versprechen).[7] Illokutionäre Akte sind danach solche, die »man vollzieht, *indem* man etwas sagt«[8]. Die sogenannten perlokutionären Akte sind nun im Zusammenhang mit *Haß spricht* von besonderer Bedeutung: Äußerungen haben, so Austin, nicht nur die Wirkung, die in ihnen mit Hilfe der Worte ausgedrückt wird (es wird z.B. ein Ratschlag gegeben, etwas nicht zu tun), sondern sie besitzen zudem noch eine Wirkung auf die Hörer dieser Äußerung (die Handlungen des Angesprochenen werden z.B. reguliert), die von den Umständen, in denen sich der Sprechakt ereignet, abhängig ist. Austin betont dabei, dass diese Wirkungen nicht vollständig vorausgesehen werden können und dass antizipierte Wirkungen nicht zwangsläufig eintreten (ein Ratschlag, etwas nicht zu tun, kann z.B. dazu führen, dass es erst recht getan wird).[9] Dies ist ein entscheidender Punkt, wenn es wie bei Butler um Wirkungen von Sprache, wie etwa Verletzungen, geht. Sowohl Austin als auch

---

[6] Vgl. dazu Levinson (2000), S. 252f.

[7] Vgl. dazu Bußmann (1990), S. 324 und S. 570 sowie Levinson (2000), S. 248-265. Die Theorie der Sprechakte ist natürlich wesentlich komplexer und geht über die Unterscheidung von Illokution und Perlokution weit hinaus. Die an dieser Stelle herausgegriffenen Aspekte sind für den Kontext der Arbeit und für das Verständnis von Butlers Austin-Rezeption wichtig, stellen aber nur einen Ausschnitt der entsprechenden Theorie dar.

[8] Austin (1979), S. 117 [Hervorhebung im Original].

[9] Vgl. Austin (1979), S. 123; 127-136.

Butler geht es um eine Auffassung von Sprechen, die dieses nicht nur als Sprecher-Adressaten-Beziehung versteht, sondern die Wirkungen des Sprechens komplexer fasst und dabei unbeabsichtigte Wirkungen und die Möglichkeit von Ketten von Folgen einbezieht.[10] Aus diesem Grund bin ich auch der Ansicht, dass Butler, wenn sie in *Haß spricht* von ›performativen Äußerungen‹ spricht, die im Austin'schen Sinn perlokutionären Äußerungen im Blick hat.

Ein Kreuzungspunkt zwischen Austin und Butler ergibt sich nun an der Stelle, an der durch eine Äußerung ungeahnte, d.h. nicht antizipierte Wirkungen und daraus folgende Handlungen hervorgerufen werden. Zudem eröffnet sich mit dieser Konzeption eine zeitliche und räumliche Differenz von Sprechen und Handeln, die beides angreifbar werden lässt für Veränderungen.[11] Um dieses Moment der Veränderung zu erklären, bedarf es allerdings einer theoretischen Erweiterung, die Butler vor allem unter erneutem Rückgriff auf Derrida vornimmt. Um

5.1.2 Die Iterierbarkeit

Das von Jacques Derrida formulierte Konzept der Iterierbarkeit wurde in Kapitel 2.1.2 schon recht ausführlich besprochen und seine Spuren in Butlers Konzept der Sprache nachgezeichnet. An dieser Stelle soll noch einmal auf den Aspekt der Wiederholung und die damit verbunden Möglichkeit der Verschiebung von Bedeutungen eingegangen werden.

Derrida beginnt in *Signatur Ereignis Kontext* seinen Gedankengang damit, dass er der Schrift als Kommunikationsmittel das besondere Kennzeichen zuschreibt, dass im Moment der Produktion der Empfänger der Zeichen nicht anwesend sein muss, ohne dass das zu Übermittelnde verlo-

[10] Vgl. zu den letzten beiden Aspekten Austin (1979), S. 124f.
[11] Vgl. dazu Hauskeller (2000), S. 69.

ren geht.[12] Die Voraussetzung dafür ist, dass die Zeichen lesbar bleiben, und zwar nicht nur als überhaupt wahrnehmbare Zeichen, sondern dass mit ihnen auch der Inhalt wieder aufgerufen werden kann. Dies bedeutet, dass sie in dieser Hinsicht wiederholbar sein müssen, damit sie verstanden werden können.[13] Wie schon mehrfach betont, eröffnet diese – zeitliche und/oder räumliche – Lücke zwischen dem Hervorbringen und dem Empfangen der Zeichen die Möglichkeit, dass Bedeutungsverschiebungen und Umdeutungen eintreten können. In *Haß spricht* erinnert Butlers diesbezügliche Formulierung zudem an Austins Annahme, dass eine Äußerung eine bestimmte Handlung auch lediglich mittelbar hervorrufen kann:

> »Die Kluft zwischen Äußerung und Bedeutung ist die Möglichkeitsbedingung für eine Neueinschätzung der performativen Äußerung, einer performativen Äußerung, die die Wiederholung ihres ersten Auftretens ist, eine Wiederholung, die zugleich eine Reformulierung ist.«[14]

Diese Wiederholung im Derrida'schen Sinn ermöglicht eine Umdeutung der Äußerung, die sich die Tatsache zunutze macht, dass ein Begriff nie das gesamte Bedeutungsspektrum abdecken kann bzw. neue Bedeutungen immer entstehen können – dies liegt nicht zuletzt an der arbiträren Beziehung von Zeicheninhalt und Zeichenlaut.[15] So können Begriffe mit Bedeutungen versehen werden, die ihnen ursprünglich nicht zugewiesen worden waren, und Beleidigungen zu Identitätsbeschreibungen werden, wie es mit dem Wort *queer* geschehen ist. Damit wendet sich Butler auch gegen Habermas' Konzept des Konsenses und sein Ideal vom ›herrschaftsfreien Diskurs‹, in dem dieser Konsens hergestellt wird. »Sprachliche Ausdrücke, die verschiedene Bedeutungen haben, bedrohen [...] das Ideal des Konsenses«[16], da dieses

[12] Vgl. Derrida (1988), S. 295 und 297.
[13] Vgl. Derrida (1988), S. 298.
[14] Butler (2006a), S. 139.
[15] Vgl. Butler (2006a), S. 197.
[16] Butler (2006a), S. 138.

darauf angewiesen ist, dass sprachliche Ausdrücke eine bestimmte festgelegte Bedeutung besitzen.

Beachtet werden muss bei dem Konzept der Iterierbarkeit allerdings, dass diese Bedeutungsverschiebungen sowohl mittelfristig als auch immer mehrere Personen betreffend gedacht werden müssen. Der kurzfristige Entschluss *eines* Subjekts, einen Begriff mit einer anderen Bedeutung zu versehen und ihn dementsprechend zu verwenden, hat wenig Aussicht, sich gegen normierte Bedeutungen durchzusetzen. In dieser Hinsicht denke ich, dass Butler in einigen Fällen, vor allem in den bisher behandelten Werken, das subversive Potential überbewertet und die Stabilität von Bedeutungszuschreibungen stärker in den Blick genommen werden müssten. In *Haß spricht* misst sie diesem Aspekt insofern Bedeutung zu, als sie das Habitus-Konzept von Pierre Bourdieu einbindet.

5.1.3 Die Inkorporierung von Normen

Nach Pierre Bourdieu prägt die jeweilige soziale Herkunft den Lebensstil des Einzelnen, indem bestimmte Strukturen inkorporiert und damit sowohl die alltagsästhetischen Präferenzen als auch die Praktiken beeinflusst werden. Der Körper wird dabei als Träger und Produzent von Zeichen aufgefasst, ist allerdings nicht souverän, sondern die »gesellschaftlich produzierte und einzige sinnliche Manifestation der ›Person‹«[17]. Als ›Habitus‹[18] wird dabei zum einen das Erzeugungsprinzip von Praktiken bezeichnet, zum anderen das Klassifizierungssystem, nach dem man diese Praktiken und die Dinge, die einen umgeben, bewertet. Mit Hilfe des Habitus werden also, nach dieser Konzeption, die gesellschaftlichen Strukturen vermittels

[17] Bourdieu (1987), S. 310 [Hervorhebung im Original].

[18] Die hier vorgenommene Darstellung des Habitus-Konzepts von Bourdieu stellt nur eine sehr oberflächliche Behandlung des Themas dar. Für eine umfassendere Darstellung vgl. die umfassende Literatur zu Bourdieu und im Zusammenhang mit dieser Arbeit z.B. die Aufsätze von Fröhlich (1994) und Müller (1986).

der praktischen Handlungen der Subjekte reproduziert. Wichtig ist dabei die Inkorporierung der Strukturen, die eine Voraussetzung dafür darstellt, dass die mit den Strukturen verbundenen Regeln von den Subjekten *unbewusst* angewendet und weitergetragen werden. Des Weiteren verzeichnet Bourdieu bezüglich des Habitus den sogenannten *hysteresis*-Effekt, der besagt, dass von den Trägern zum Teil noch »die Wahrnehmungs- und Bewertungskategorien appliziert werden, die einem früheren Stand der objektiven Chancen der Einschätzung entsprachen«[19], auch wenn sich diese Chancen verändert haben und die Kategorien damit nicht mehr adäquat sind.

Entscheidend ist Folgendes: Der Habitus, aufgefasst als »strukturierende« und »strukturierte Struktur«[20], bedeutet, dass er zum einen organisiert, wie Praxis und Wahrnehmung funktionieren (und diese Organisation verläuft meistenteils unerkannt von den Subjekten), zum anderen seinerseits ein Produkt dieser verinnerlichten Struktur ist. Für Butler ist genau dies der wichtige Punkt, den sie für ihr eigenes Konzept aufgreift: Die unbewusst angewandten Regeln lagern sich in den Körpern der Subjekte ab, werden also inkorporiert oder, in Butlers Worten, sie sedimentieren, werden dann im Habitus sichtbar und dort konserviert, damit wieder auf sie zurückgegriffen werden kann. Dieses Wiederaufrufen von Regeln und Verhaltensformen aber auch von Begriffen stellt nun für Butler »eine stillschweigende Form von Performativität dar, eine Zitatenkette, die auf der Ebene des Körpers gelebt und geglaubt wird.«[21] Um in ihrer Argumentation konsequent zu bleiben, muss sie an Bourdieu aber die Statik seines Konzepts kritisieren. Ihrer Ansicht nach beinhaltet die Wiederholung nicht nur das Potential einer Veränderung der zu wiederholenden Regeln und Be-

[19] Bourdieu (1987), S. 238.
[20] Bourdieu (1987), S. 279.
[21] Butler (2006a), S. 242.

griffe, sondern geht mit dieser fast zwangsläufig einher.[22] Was Austin für die Sprechakte als Charakteristikum herausstellt, nämlich die Möglichkeit des Misslingens, und was bei Derrida ein zentraler Bestandteil der Iterierbarkeit ist, nämlich die Veränderung durch Wiederholung, fehlt bei Bourdieu scheinbar vollständig.

In einem weiteren Punkt unterscheiden sich Butler und Bourdieu zudem noch: in dem des effektiven Sprechens. Das Verfügen über die Sprache ist bei Butler gerade das, was es auch Minderheiten oder Stigmatisierten ermöglicht, Einfluss auf den herrschenden Diskurs und damit auf die Konstitution von Subjekten zu nehmen. ›Sprechen‹ kann damit jedes Subjekt, und grundsätzlich scheint in ihrer Konzeption auch jedes Subjekt mit ähnlicher Wirkung sprechen zu können. Bei Bourdieu dagegen nimmt die Effektivität des Sprechens in dem Maße zu, in dem das Subjekt über sprachliches Kapital[23] verfügt.[24] Dies führt dazu, dass er im Fall der ›politischen Sprache‹ den durch den Diskurs Beherrschten die Möglichkeit des Sprechens geradezu abspricht; ihnen bleibe lediglich »das Schweigen oder die *geborgte Sprache*: [...] eine kaputte Sprache.«[25] Diese ›geborgte Sprache‹ könnte gegebenenfalls der Ansatzpunkt sein, an dem man Butlers Konzept der Sprache und ihre Forderung nach Wiederaneignung der (verletzenden) Begriffe einbinden könnte; inwiefern dies möglich ist, wird u.a. Thema des achten Kapitels sein.

Das für Butlers Sprachkonzept wichtige Resultat dieser theoretischen Auseinandersetzung besteht nun darin, dass sie die Performativität von

---

22 Vgl. Butler (2006a), S. 243.

23 In Bourdieus Habitus-Konzept entsteht der Habitus in Wechselwirkung mit den Kapitalformen, über die ein Subjekt verfügt, und mit der entsprechenden Kapitalstruktur. Grundsätzlich unterscheidet er zwischen dem sozialen, dem symbolischen, dem kulturellen und dem ökonomischen Kapital, es werden aber auch weitere Differenzierung vorgenommen, unter denen u.a. das sprachliche Kapital zu finden ist.

24 Vgl. dazu auch Salih (2002), S. 113.

25 Bourdieu (1987), S. 722 [Hervorhebungen im Original].

Äußerungen näher in den Blick genommen und als Konsequenz einer genauen Austin-Lektüre die direkt-kausale Beziehung von Sprechen und Handeln aufgelöst hat. Indem sie sowohl Derrida als auch Bourdieu einbezieht, gelingt es ihr, nicht nur die Instabilität von Bedeutungszuschreibungen (aufbauend auf Derridas Konzept der Iterierbarkeit) zu berücksichtigen, sondern auch die Stabilität ebendieser Zuschreibungen (unter Rückgriff auf Bourdieus Habitus- und Kapitalkonzept) zu berücksichtigen. Meiner Ansicht nach gelingt es ihr dadurch, ihren von mir in der Einleitung formulierten Anspruch, eine sprachphilosophische Perspektive in eine Theorie gesellschaftlichen Handelns einzubetten,[26] einzulösen. Das folgende Unterkapitel widmet sich nun der Frage, wie das Subjekt durch Sprache geformt wird.

5.2 Die Formung des Subjekts durch Sprache

In den vorangegangenen Kapiteln habe ich gezeigt, in welcher Weise Butler das Subjekt als durch Sprache konstituiert betrachtet. Auch in *Haß spricht* geht sie davon aus, dass sprachliche Äußerungen die Subjektivation bewirken, das Individuum also zu einem gesellschaftlichen Subjekt machen. Ähnlich wie in *Körper von Gewicht* betont sie bezüglich des Prozesses der Subjektwerdung aber, dass sprachliche Bezeichnungen (oder Anrufungen, wie Althusser sagen würde) immer auch das Potential des Misslingens in sich tragen, da eine vollständige Übereinstimmung von Begriff und Begriffsinhalt nicht gegeben ist.[27]

[26] Vgl. Kapitel 1.1.
[27] Vgl. dazu Butler (2006a), z.B. S. 197.

5.2.1 Die Konstituierung von Subjekten

Mit Hilfe von sprachlichen Zuweisungen werden die Subjekte hervorgerufen; wichtig ist dabei, dass sie sich nicht selber hervorrufen, sondern immer auf etwas anderes angewiesen sind, das diese Zuweisung vornimmt. Dies ist in Butlers Konzeption der Diskurs, der von den einzelnen schon als intelligibel anerkannten Subjekten in sprachlichen Äußerungen aktualisiert wird. Eine Erweiterung dieses Konzepts lässt sich in *Haß spricht* nun dort feststellen, wo Butler erstmals das Selbstbild des Subjekts explizit einbezieht und eine mögliche Differenz zwischen diesem und dem gesellschaftlich zugewiesenen Bild feststellt:

> »Wenn der Name jemanden gesellschaftlich konstituiert, so geschieht dies *ohne* das Wissen der Person. Tatsächlich kann man ein Selbstbild haben, das *in einigen Zügen* der eigenen gesellschaftlichen Konstituierung diametral entgegengesetzt ist.«[28]

Hieran lassen sich zwei bedeutende Dinge ablesen: Zum einen geht Butler mit dieser Vorstellung über Althusser hinaus; ist in *Körper von Gewicht* und *Psyche der Macht* eine *Anerkennung* der Anrufung die notwendige Voraussetzung für die Subjektivation,[29] findet nach dieser Aussage die Konstitution als Subjekt dagegen auch statt, ohne dass das betroffene Subjekt den Namen annimmt (und sei es nur, um ihn abzulehnen). Zum anderen scheint diese Aussage auch zu bedeuten, dass das Selbstbild des Subjekts nie unabhängig von der gesellschaftlichen Konstituierung entstehen und Bestand haben kann. Dies ist insofern nachvollziehbar, als nach Butlers Argumentation die Subjektwerdung überhaupt erst durch den

[28] Butler (2006a), S. 55 [Hervorhebungen A.-L.M.].

[29] Man muss allerdings in Erinnerung rufen, dass auch bei Althusser eine erste Anrufung im Fall der Geburt ohne das Wissen und die Stellungnahme des betroffenen Subjekts stattfindet. Vgl. dazu Kapitel 3.1.1. In *Psyche der Macht* setzt sich Butler, wie beschrieben, intensiv mit der Frage auseinander, warum diese Anrufung anerkannt wird, und findet die Antwort in der durch die Anrufung versprochenen Identität. Vgl. dazu Kapitel 4.1.2.

sprachlichen Prozess der Anrufung stattfindet, das Subjekt also erst durch die gesellschaftliche Konstitution *als* Subjekt in die Lage versetzt wird, ein Selbstbild zu formulieren. Festgehalten werden muss an dieser Stelle, dass Butler hier anders als in den übrigen behandelten Werken davon ausgeht, dass die Konstituierung als Subjekt vorgenommen wird, ohne dass das entsprechende Subjekt davon weiß und diese Benennung anerkennt. Dies macht die Subjektivation zu einem stärker strukturorientierten Konzept. Zwar hatte auch in Butlers bisheriger Anwendung des Althusser'schen Konzepts der Anrufung das benannte Subjekte keine Möglichkeit, sich von der Benennung zu distanzieren oder sie abzulehnen, ohne nicht vorher die Benennung *als solche* angenommen zu haben, nun aber findet dieser Prozess (auch) ohne das Wissen des betroffenen Subjekts statt. Butler bezieht sich dabei auf das Beispiel (wie es auch Althusser tut), dass im Fall der Geburt eine Konstituierung als Subjekt stattfindet, zu der das betroffene Individuum nicht Stellung beziehen kann. Deutlicher als bisher unterscheidet Butler zwischen dem »gesellschaftlichen Ich«[30] und dem Selbstbild. Diese Unterscheidung und die Betonung der Möglichkeit, Subjektivation ohne das Wissen und die Zustimmung des Subjekts vorzunehmen, ist wichtig für Butlers Beschäftigung mit der Frage, wie bestimmte Namen verletzen können und wie diese Verletzungen ab- und umgewendet werden können.

Dass sich der Fokus nun hin zu den das Subjekt formenden sprachlichen Regeln verschiebt, wird auch deutlich, wenn Butler davon spricht, dass diese Regeln der Subjektwerdung in gewissem Sinn vorausgehen und sie begleiten.[31] Gleichzeitig werden nach meinem Verständnis aber auch diese Regeln durch die Subjekte weitergetragen (iteriert, wie es bei Derrida heißt) und ermöglichen so den (späteren) Eintritt eines Subjekts in den Diskurs; so ist auch hier kein ›Ursprung‹ festzustellen, sondern eine

[30] Butler (2006a), S. 55.
[31] Vgl. Butler (2006a), S. 211.

Wechselwirkung und gegenseitige Abhängigkeit zwischen den Strukturen (der Sprache) und dem Subjekt, das diese anwendet, damit erst einsetzt und so zu einer Praxis werden lässt. Dies wiederum ist die Voraussetzung dafür, dass die Strukturen fortbestehen können, auch auf die Gefahr hin, verändert zu werden.

Gerade diese Möglichkeit der Veränderung ist es nun, die Butler weiterhin im Blick hat. Indem sie Derridas Konzept der Iterierbarkeit verwendet, das »die Wiederholung mit der Andersheit verbindet«[32], kann sie in ihr theoretisches Konzept das Potential der Veränderbarkeit der Strukturen aufnehmen, das in den Strukturen selbst enthalten ist. Indem den Individuen die Aufgabe zukommt, als Subjekte die Regeln des Diskurses in ihrem Handeln zu aktualisieren,[33] verändern sie die Strukturen, da sie sie nie identisch reproduzieren können.

5.2.2 Die Rolle von Strukturen und Normen

Indem Butler nun stärker die gesellschaftliche Komponente der Subjektivation in den Blick nimmt, öffnet sie ihr Konzept auch für solche Theorien, die sich stärker mit den stabil gewordenen Strukturen in Gesellschaften und deren Auswirkungen auf die Körper der Subjekte beschäftigen. Ein Beispiel ist das schon erwähnte Habitus-Konzept von Bourdieu, das Butler mit der Vorstellung der Subjektwerdung durch Sprache in Verbindung setzt. Danach sind »Anrufungen, die ein Subjekt in die Existenz rufen, d.h. gesellschaftliche performative Äußerungen, die mit der Zeit ritualisiert und sedimentiert worden sind, [...] für den Prozess der Subjektbildung ebenso zentral wie der verkörperte, partizipatorische Habitus. [...] So gesehen leistet die Anrufung als performative Äußerung die diskursive Konstitution des Subjekts, die unlösbar an seine gesellschaftliche Konstitution gebun-

[32] Derrida (1988), S. 298.
[33] Vgl. Butler (2006a), S. 59.

den ist.«[34] Diese Aussage zeugt von dem Versuch, die verschiedenen Konzepte zusammenzubringen und damit zu erklären, wie das Subjekt zum einen über eine relative Stabilität verfügen kann, die es braucht, um als gesellschaftliches Subjekt handeln zu können,[35] und zum anderen, wie es trotzdem so instabil sein kann, dass sich die Identitäten auch recht kurzfristig verändern können. Indem sie Bourdieus Habitus-Konzept einbezieht, kann sie außerdem verdeutlichen, dass Regeln angewendet werden, die den Subjekten nicht bewusst sein müssen, und dass sich bestimmte Normen länger in einem Diskurs halten können, obwohl sie nicht mehr adäquat sind – entsprechend dem *hysteresis*-Effekt bei Bourdieu.

Welche Rolle Butler den Normen auch bei der Konstitution der Subjekte zubilligt, wird mit Hilfe eines Exkurses zu dem 2005 in den USA erschienenen *Giving an Account of Oneself* deutlich, in dem sie in Anlehnung an Adorno die These aufgreift, dass das Subjekt durch Normen strukturiert zu werden scheint.[36] Stärker als in den bisherigen Werken kommt dabei die soziale Dimension von Normen zum Tragen, die sie unter Rückgriff auf Foucault in die Konstitution des Subjekts einbindet. Wichtig ist dabei das ›Andere‹, das, unter anderem nach der Konzeption von Emmanuel Levinas, entscheidend ist für die Herausbildung des Selbst. Kombiniert mit Foucault'schen Gedanken bedeutet das für Butler, dass »the very being of the self is dependent, not just on the existence of the other in its singularity (as Levinas would have it), but also on the social dimension of normativity that governs the scene of recognition. [...] The norm by which I recognize another or, indeed, myself are not mine alone. They function to

[34] Butler (2006a), S. 240.

[35] Damit setze ich voraus, dass eine Gesellschaft darauf angewiesen ist, durch Subjekte konstituiert zu werden, die ihre jeweiligen Rollen und Funktionen so wahrnehmen, dass sie in ihren Handlungen relativ berechenbar sind und damit eine gewisse Stabilität des sozialen Zusammenlebens gewährleisten können.

[36] Vgl. Butler (2005), S. 9.

the extent that they are social«[37]. Die Normen sind dabei diejenigen, die das Erkennen des Anderen – und damit in gewisser Weise auch des Selbst – beherrschen und strukturieren.[38] Damit wird deutlich, dass die Konstitution des Subjekts nicht nur durch eine Benennung stattfindet, sondern bestimmte Strukturen dabei von Bedeutung sind, die in gewisser Weise den Rahmen für diese Benennung liefern. Dass auch die Benennung selbst – als eine performative Äußerung – über eine regelhafte Struktur verfügt, wird deutlich, wenn es in *Haß spricht* heißt, dass eine derartige Äußerung »nicht nur eine rituelle Praxis [ist]; sie ist eines der einflußreichsten Rituale, mit denen Subjekte gebildet und reformuliert werden.«[39] Dass sich auch hier wieder ein Bezug zu Bourdieu herstellen lässt, der die Bedeutung von Riten für das gesellschaftliche Zusammenleben herausstellt,[40] zeigt noch einmal, dass zwischen Butler und Bourdieu jedenfalls in diesem vorliegenden Werk Überschneidungen zu verzeichnen sind, auf die in Kapitel 8 zurückzukommen sein wird.

5.3 Die Macht der Sprache

Im hier behandelten Werk kommt der Aspekt der Macht vor allem implizit zur Sprache, und zwar geht es dabei in erster Linie um die Macht des Sprechens. Zu Beginn der Essaysammlung wirft Butler die Frage auf, »welche Art von Macht man dem Sprechen zu[schreibt], wenn es die Macht besitzen soll, das Subjekt [...] zu konstituieren«[41]. Mit dem Konzept der Macht werden hier also die Konzepte des Subjekts und der Sprache verbunden; dabei ist die Frage, wer oder was beim Sprechen über ›Macht‹ verfügt, nicht so leicht zu beantworten, denn Butler weist auf einen bedeutsamen

[37] Butler (2005), S. 23f.
[38] Vgl. Butler (2005), S. 25.
[39] Butler (2006a), S. 249.
[40] Vgl. z.B. Bourdieu (1993), u.a. S. 370ff.
[41] Butler (2006a), S. 37.

Unterschied hin: »Das Subjekt, das *hate speech* spricht, ist zweifellos für dieses Sprechen verantwortlich, jedoch nur selten sein Urheber.«[42] Was Butler hier für *hate speech* feststellt, gilt nach ihrer Konzeption auch für andere Formen des Sprechens, nur ist dort die Frage nach der Verantwortlichkeit oft nicht so entscheidend wie im Fall der verletzenden Rede.

5.3.1 Die abgeleitete Macht des Subjekts

Unter expliziter Bezugnahme auf Foucault fasst Butler ›Macht‹ als eine Bezeichnung für komplexe Strategien in einer Gesellschaft auf.[43] Butler versteht Macht danach gerade nicht als etwas Souveränes, das festlegt, wie ein Sprechakt wirkt, sondern betont, dass die Wirkung z.B. von Sprechakten und damit ihre Macht nicht vollständig vorhersehbar sind.[44] Diese Auffassung steht in direkter Beziehung zu ihrem Sprachkonzept und der Annahme, dass Wiederholungen von Sprechakten immer mit gewissen Verschiebungen einhergehen und die dadurch ausgelösten Wirkungen nicht vorhersagbar sind. Bedeutsam ist, dass Butlers Foucault-Rezeption dazu führt, dass sich ›Macht‹ im postsouveränen Diskurs als ein »Arrangement von Praktiken [darstellt, A.-L.M.], in denen Macht durch ihre Wirkungen aktualisiert wird«[45]. Der Verlust von Souveränität wird aber in der gesellschaftlichen Wahrnehmung in einem Verschleierungsprozess verdeckt, die Souveränität in die performativen Äußerungen zurückverlagert und so das sprechende Subjekt als Souverän eingesetzt.[46] In dieser Annahme wird also der Subjektivationsprozess ausgeblendet, welcher auch das zuerst sprechende Subjekt erst einsetzt. Butler grenzt sich dabei von einer

[42] Butler (2006a), S. 60. Vgl. dazu auch die erwähnte Unterscheidung von illokutionären und perlokutionären Sprechakten bei Austin.

[43] Vgl. Butler (2006a), S. 61f.

[44] Vgl. Butler (2006a), S. 118.

[45] Butler (2006a), S. 126f.

[46] Vgl. Butler (2006a), S. 125ff.

Auffassung von ›Sprechen‹ ab, die dieses in eine direkt-kausale Beziehung zum Handeln setzt, und betont mit Austin und Derrida die Bedeutung der räumlichen und zeitlichen Distanz zwischen Äußerung (des Sprechers) und einer Handlung (des Empfängers) für die Möglichkeit zur Resignifizierung von Begriffen und damit zur Umdeutung von Bedeutungszuschreibungen.[47] Aus der Betonung der Subjektivation als Voraussetzung dafür, dass das Subjekt ein sprechendes wird, folgt gleichzeitig, dass das Subjekt bei Butler lediglich über eine abgeleitete Macht verfügt.[48] Da das sprechende Subjekt also nicht das ist, das in unmittelbarer Weise über die Macht zu verletzen verfügt, da es nicht als ›ursächliches‹ Subjekt die Zuschreibungen vornimmt, die ausgrenzen oder in den Diskurs aufnehmen, geht auch »[d]ie Macht, mit der Rassenzugehörigkeit und Geschlechtsidentität zugeschrieben und hergestellt werden, [...] dem einzelnen [sic!] voraus, der mit dieser Macht spricht und sie scheinbar selbst besitzt.«[49]

Dieser Verschleierungsprozess, der den Verlust der Souveränität verdeckt und die Souveränität gleichzeitig in die sprechenden Subjekte verlagert, führt dazu, dass bestimmten Institutionen ebenfalls eine direkte Macht zu sprechen zugesprochen wird. Dies betrifft bei Butler vor allem die Gerichte, denen die Autorität verliehen wird, darüber zu urteilen, welches Sprechen verletzt. Diese ihnen zuerkannte Autorität bedeutet jedoch für Butler, dass das Gericht selber mit seinen Entscheidungen diese Verletzungen erneut hervorruft und »mit seinem Sprechen gerade deswegen die Macht zu verletzen aus[übt]«[50]. Indem Verbote ausgesprochen werden, werden Butlers Argumentation zufolge die entsprechenden Äußerungen gerade nicht de-kontextualisiert und umgedeutet (d.h. resignifiziert), sondern in ihrer verletzenden Verwendung wiederholt – womit gleichzeitig die Verletzung

[47] Vgl. dazu Hauskeller (2000), S. 70.
[48] Vgl. Butler (2006a), S. 58.
[49] Butler (2006a), S. 80.
[50] Butler (2006a), S. 101f.

selbst wiederholt wird – und mit einem Tabu belegt. Um dies angemessen erklären zu können, muss man meiner Ansicht nach wiederum auf Austin zurückgreifen. Nach Austin ist das Glücken oder Misslingen eines performativen Sprechaktes unter anderem davon abhängig, ob der Sprecher autorisiert ist, mit seinem Sprechen eine bestimmte Handlung zu vollziehen.[51] Staatliche Institutionen wie Gerichte werden mit Hilfe des hegemonialen Diskurses dazu ermächtigt, in diesen Fragen Urteile zu sprechen. Damit liegt in doppelter Weise ein performativer Akt vor: Zum einen übt ein Gericht selbst einen performativen Sprechakt aus, indem es mit seinem Urteil bestimmten Äußerungen den Status einer Beleidigung zuspricht und sie damit aus dem ›guten Sprechen‹, um einen Begriff Althussers zu verwenden, ausschließt. Zum anderen gründet es sein Urteil darauf, dass diese Äußerungen, die es verbietet, *performative* Äußerungen sind und mit ihrem Aussprechen unmittelbar bestimmte Handlungen vollzogen werden. Wenn in diesem Sinn von Performativität gesprochen wird, ist etwas anderes gemeint als das, was Butler selbst im Blick hat: Geht es ihr um einen Performativitätsbegriff, der durch Wiederholungen und eine damit verbundene Offenheit bezüglich der Wirkung des Sprechaktes gekennzeichnet ist und sich eng an Austins Begriff der Perlokution anlehnt, liegt der Fokus der von ihr erwähnten Institutionen auf dem, was als unmittelbare Folge aus der Äußerung eines sprechenden Subjekts hervorgeht und somit den Bereich der Illokution betrifft. Im ersten Fall spricht ein Subjekt, das als ein Subjekt innerhalb einer Kette von Subjekten beim Sprechen die bisherigen Kontexte der Worte wiederholt, während im zweiten Fall das sprechende Subjekt zu Beginn einer solchen Kette steht. In diesem letzten Fall kann allerdings kaum von einer Kette von sprechenden Subjekten gesprochen werden, da es sich in erster Linie um die Beziehung von Sprecher und Empfänger handelt.

[51] Vgl. Austin (1979), S. 37ff. Vgl. dazu auch schon Kapitel 3.3 in dieser Arbeit.

5.3.2 Resignifizierung als Form von Widerstand

Aus den Ausführungen zur Rolle des Subjekts und der Art seiner Macht sollte schon hervorgegangen sein, in welcher Hinsicht Butler den Subjekten die Möglichkeit zuschreibt, sich widerständig gegenüber Benennungen zu verhalten. In der Distanz von Äußerung und Handlung sieht sie die Ursache für Umdeutungsmöglichkeiten von (Identitäts-)Zuschreibungen, da »die Wörter mit der Zeit von ihrer Macht zu verletzen abgelöst und als affirmativ rekontextualisiert werden.«[52] Damit geht es ihr um den Fall, in dem ein Wort dazu verwendet wird, jemanden (oder eine Gruppe von Personen) zu verletzen, in dem sich dann aber über einen gewissen Zeitraum hinweg eine Bedeutungsverschiebung vollzieht, mit der Folge, dass sich die ursprünglich durch dieses Wort verletzten Personen dieses Wort selbst aneignen können, um ihm einen anderen Inhalt zuzuweisen. Das Wort kann dann dazu dienen, in einem anderen Sinn Identität als ein bestimmtes Subjekt zu konstituieren.

In dieser Resignifizierung liegt für Butler das Potential zum Widerstand gegen herrschende Machtbeziehungen und hegemoniale Diskurse. Sie zeigt zudem damit, wo ihrer Ansicht nach die Subjekte subversiv tätig werden können:

> »Wenn man den Namen, den man erhält, aufgreift, tut man mehr als sich nur einer vorgängigen Autorität unterzuordnen, denn der Name hat sich vom vorgängigen Kontext bereits gelöst und ist in das Projekt der Selbstdefinition eingegangen. Das Wort, das verwundet, wird in der neuen Anwendung, die sein früheres Wirkungsgebiet zerstört, zum Instrument des Widerstands.«[53]

[52] Butler (2006a), S. 31. Mit dem Wort ›affirmativ‹ meint Butler, wie sie unmittelbar im Anschluss an das Zitat betont, die »Eröffnung der Möglichkeit einer Handlungsmacht«.

[53] Butler (2006a), S. 254.

Daran wird deutlich, wie Butler das Anrufungskonzept von Althusser vor dem Hintergrund von Derridas Konzept der Iterierbarkeit mit der Sprechakttheorie Austins verbindet. Dient die Anrufung in den anderen behandelten Werken Butlers vor allem der Identitätszuweisung und der Konstitution als Subjekt, wird hier stärker die Möglichkeit des angerufenen Subjekts betont, mit dieser Anrufung und dem damit verbundenen Namen produktiv umzugehen und so eine mit dem Sprechakt selbst nicht intendierte Wirkung zu erzeugen. Macht, verstanden als Strategien und Effekte, wird damit nicht eindimensional ausgeübt, sondern stellt eher ein Netz von Beziehungen dar, in dem sich die Subjekte bewegen. Dabei kann strategisch Macht ausgeübt werden, indem Sprechakte mit dem Ziel eingesetzt werden, zu verletzen und bestimmte Subjekte auszuschließen, gleichzeitig kann der Effekt dieser Strategien sein, dass damit unbeabsichtigte Wirkungen hervorgerufen werden, die die Macht besitzen, die etablierten Bedeutungsmuster zu verschieben und/oder zu durchbrechen. Diese Resignifizierung wird so für Butler »zu einer Möglichkeit, Performativität und Politik neu zu lesen.«[54] Welche Rolle der Performativität insgesamt für Butlers Konzepte zukommt, wird Thema des nächsten Kapitels sein, das sich eingehender mit diesem Begriff, seiner Reichweite und seiner möglichen Begrenztheit beschäftigt. Zuvor möchte ich aber noch auf das Problem der Zensur eingehen, dem Butler einen großen Teil ihrer Essays in *Haß spricht* widmet.

5.4 Exkurs: Die Wirksamkeit von Zensur

Das vorangegangene Unterkapitel hat unter anderem gezeigt, dass Butler der durch Gerichte vorgenommenen Zensur von Äußerungen kritisch gegenüber steht. Im Folgenden geht es darum, zu zeigen, in welcher Form das

[54] Butler (2006a), S. 113.

Verbot bestimmter Äußerungen diese gerade hervorbringt, und in einem zweiten Schritt Butlers These zu thematisieren, dass in der Bedeutung der Worte deren Geschichtlichkeit enthalten ist, diese durch das Sprechen reproduziert wird und dadurch die Verletzungen durch Sprache erst entstehen. Ich werde dazu Butlers US-amerikanische Beispiele auf den deutschen Kontext übertragen und mit kurzen Fallbeispielen einige meiner Ansicht nach interessante Fragen aufzuwerfen versuchen.

5.4.1 Die Hervorbringung des Verbotenen durch Zensur

Um ihre Skepsis gegenüber der Wirksamkeit von Zensur zu begründen, greift Butler erneut auf Foucault zurück. Sie schließt sich dabei dessen Annahme an, dass das Verworfene und damit Unsagbare gerade das jeweils Sagbare erst möglich macht, und argumentiert bezüglich der Zensur ganz ähnlich. Im Fokus ist hier die diskursive Macht des Staates, die angewendet wird, wenn der Staat Rechtsmittel einsetzt.[55] Diese Macht ist aber ebenfalls nicht an einen souveränen Staat gebunden (vgl. Kapitel 5.3.1), sondern wird stärker als Effekt oder Wirkung verstanden, die »in alle verschiedenen und konkurrierenden Bereiche des Staatsapparates sowie in alle verstreuten Formen der Zivilgesellschaft [diffundiert].«[56] Die Zensur versteht Butler nun unter Rückgriff auf einen »gezielt fehl[angeeigneten]«[57] Begriff der Psychoanalyse als »Verwerfung«, die »Diskursregime her[stellt], indem sie das Unsagbare erzeugt.«[58] Dabei wird die Grenze zwischen dem Sagbaren und dem Unsagbaren nicht von einem Subjekt erzeugt, sondern die Grenzziehung stellt eher ein Verfahren dar, das etwas hervorbringt (und damit in gewisser Weise eine produktive Form von Macht ist). In der Psychoanalyse ist es das Subjekt, das dadurch erzeugt wird, bei Butler ist

[55] Vgl. Butler (2006a), S. 123.
[56] Butler (2006a), S. 124.
[57] Butler (2006a), S. 217.
[58] Butler (2006a), S. 218.

es das Sagbare.[59] Verworfen werden dabei jeweils bestimmte andere Formen, die als nicht intelligibel aus dem herrschenden Diskurs ausgeschlossen werden.[60]

Zensur wird somit ebenfalls als eine Form des Sprechens verstanden, die eine hervorbringende (und strukturierende) Wirkung hat; diese Sichtweise bedeutet allerdings, worauf auch Butler hinweist, eine dem konventionellen Verständnis entgegengesetzte Zeitlichkeit. Geht das alltägliche Verständnis davon aus, dass die Zensur dem Sprechen nachgeordnet ist und zeitlich später erfolgt, da es das schon erfolgte Sprechen beurteilt, erzeugt nach Butler die Zensur das Sprechen und geht ihm somit voraus.[61]

Am Beispiel der Pornographie und, meiner Ansicht nach noch eindrücklicher, an einem Beispiel aus der US-amerikanischen Armee zeigt Butler, wie Zensur gerade das, was verboten werden soll, hervorbringt und stabilisiert.[62] Im Fall der US-amerikanischen Armee beschäftigt die Gerichte die Frage, inwiefern die Bekanntgabe der eigenen Homosexualität gleichbedeutend ist mit dem Vollziehen einer sexuellen Handlung, welches nach der Logik der Gerichte zu einem Verbot einer solchen Äußerung führen würde. Butler wendet sich gegen ein solches Verständnis; ihrer Ansicht nach stellt eine solche Bekanntgabe einen perlokutionären Sprechakt dar, der keine direkte Handlung beinhaltet. Demgegenüber verstehen bestimmte Gerichtsurteile sie als illokutionären Sprechakt und meinen damit, dass die Äußerung mit einer sexuellen Handlung vergleichbar ist, welche zu verbieten ist. Durch das Verbot der Äußerung wird ein Verständnis von

[59] Vgl. dazu Butler (2006a), S. 215ff.

[60] Der Verwerfung kommt damit in diesem Zusammenhang eine ähnliche Funktion zu wie dem ›Außen‹ bei Derrida, welches ebenfalls konstitutiv wirkt. Vgl. dazu Butler (2006a), S. 216, Anm. 18.

[61] Vgl. Butler (2006a), S. 200.

[62] Vgl. Butler (2006a), z.B. S. 131ff. (zum Thema Pornographie) und S. 164-198 (zum Thema Homosexualität in der Armee).

Homosexualität stabilisiert, dass diese als etwas Ungezügeltes und Anormales begreift.[63]

Dieses Beispiel illustriert, dass Butler sich insgesamt von der Auffassung abgrenzt, *hate speech* sei illokutionär, und ihren perlokutionären Charakter betont.[64] Allerdings ist zu beachten, dass die Verwendung der Begriffe perlokutionär, illokutionär und performativ in *Haß spricht* meines Erachtens nicht immer trennscharf verwendet werden und Butler in einigen Fällen von ›performativ‹ spricht und dabei die Bedeutung von ›illokutionär‹ zugrunde legt.[65] Auf diesen Punkt werde ich im folgenden Kapitel ausführlicher zu sprechen kommen.

An dieser Stelle ist abschließend ein Verweis auf Butlers Essay *The Charge of Anti-Semitism* aus ihren kürzlich in den USA erschienenen Buch *Precarious Life* sinnvoll, in dem sie herausstellt, wie die Öffentlichkeit durch bestimmte Ausschlüsse strukturiert ist und durch dieses ›Unsagbare‹ konstituiert wird.[66] Zensur und damit die Tabuisierung bestimmter Begriffe und Bereiche gesellschaftlichen Handelns trägt danach entscheidend dazu bei, dass das ›Innen‹ des Diskurses in Abgrenzung zu einem konstitutiven Außen entsteht.

5.4.2 Die Geschichtlichkeit des Wortes

Einen, wenn nicht sogar den zentralen Grund für die Verletzbarkeit durch Worte sieht Butler darin, dass die Worte ihre Bedeutungen dadurch gewinnen, dass ihre jeweilige Geschichte in ihnen weitergetragen wird. Als

[63] Butlers Auseinandersetzung mit dem Beispiel ist wesentlich komplexer, als es hier dargestellt werden kann. Ich habe deswegen versucht, mich auf den für diese Arbeit wesentlichen Aspekt zu beschränken.

[64] Vgl. Butler (2006a), S. 161.

[65] Vgl. Butler (2006a), z.B. S. 170.

[66] Vgl. Butler (2006b), S. 101-127, bes. S. 126f. Butler geht dabei vor allem darauf ein, dass Kritik am Staat Israel in jüngster Zeit wiederholt als Anti-Semitismus bezeichnet wurde, was ihrer Ansicht nach in den meisten Fällen eine unzulässige Schlussfolgerung darstellt. Vgl. dazu insbesondere S. 109ff.

ein Beispiel dient ihr ein brennendes Kreuz, das ihrer Ansicht nach in bestimmten Kontexten als Ausdruck von Rassismus und Drohung gewertet werden kann. Diese Interpretation beruht auf der »historische[n] Beziehung zwischen dem Verbrennen eines Kreuzes und dem Brandmarken einer Gemeinschaft [...] als Ziel neuer Gewalt«[67]. Butler betont damit, dass Worte – und dabei gerade auch Bezeichnungen und Identitätszuschreibungen – weder unabhängig von ihrem Kontext noch unabhängig von ihren tradierten Verwendungszusammenhängen (und damit Bedeutungen) beurteilt werden können. Dies bedeutet nicht, dass sich diese Kontexte und Bedeutungen nicht ändern können, aber es lenkt den Fokus auf das, was mit dem Aussprechen eines Wortes *mit*gesagt wird. An späterer Stelle fragt sie rhetorisch, »ob das Aussprechen eines Wortes eine Zurücksetzung, eine Verletzung, ja sogar ein Vergehen darstellen könnte, wenn das Wort nicht sedimentierte Geschichte seiner eigenen Unterdrückung transportierte«[68] – etwas, das nach ihrer Argumentation natürlich zu verneinen ist.

Gerade diese Geschichtlichkeit der Bedeutungen von Begriffen, die Butler in *Haß spricht* hervorhebt, stellt meiner Ansicht nach zum einen den Wert dieses Buches für die Rezeption in Deutschland dar, zum anderen liegt darin aber gerade auch das Problem der Übertragbarkeit der Beispiele. Wie sie in ihrem Nachwort zur deutschen Ausgabe festhält, besteht ein entscheidender Unterschied zwischen den USA und Deutschland:

> »Während also in den Vereinigten Staaten der Absolutheitsanspruch des Ersten Verfassungszusatzes [die Gewährleistung der Redefreiheit als ein grundlegendes Bürgerrecht, A.-L.M.] eine Vorbedingung für andere verfassungsmäßig garantierte Rechte wie Religionsfreiheit, Versammlungsrecht und Gleichbehandlung gegenüber dem Gesetz ist, gründet in Deutschland die Verfassung in gewisser Weise auf fundamentalen Einschränkungen der Redefreiheit.«[69]

[67] Butler (2006a), S. 92.
[68] Butler (2006a), S. 191.
[69] Butler (2006a), S. 157.

Die deutsche und gerade die jüngere deutsche Geschichte zeigt, in welcher Form Sprache nicht nur verletzen, sondern auch mittelbar töten kann, so dass der rechtliche Diskurs nach 1945 ein anderer ist als der der USA. Dabei scheinen im öffentlichen Diskurs in Deutschland vor allem dort Tabus zu wirken, wo es um die nationalsozialistische Vergangenheit geht.[70]

Trotz der Unterschiede zwischen Butlers Beispielen und der Realität in Deutschland gibt es meiner Ansicht nach einige interessante Ansatzpunkte, an denen man auf Butlers Argumentation für die deutsche Diskussion zurückgreifen kann. Gerade in jüngster Zeit hat der Film *Mein Führer. Die wirklich wahrste Wahrheit über Adolf Hitler* des deutschen Regisseurs Dani Levy Furore gemacht, und die Diskussion kreiste in vielen Fällen um die Frage, ob das Thema des Nationalsozialismus in einer Komödie verarbeitet werden dürfe. Das Beispiel des Cartoonisten Walter Moers, dessen Kurzfilm *Der Bonker* in eine ähnliche Richtung zielt, zeigt vielleicht noch besser den Versuch, sich tabuisierter Themen anzunehmen und den Umgang mit ihnen zu verändern. Mit Butler gedacht reproduzieren Tabus die Verletzungen und dienen gerade nicht dazu, sie zu verarbeiten. Zwar bezieht sie sich in *Haß spricht* in erster Linie auf *hate speech*, doch meiner Ansicht nach kann man ihre Aussagen auch auf dieses Thema ausweiten; daher ist auch eine diesbezügliche Übertragung möglich, wenn sie feststellt: »Wie stark der Widerstand gegen *hate speech* auch sein mag, das Trauma wird noch in seiner Rezirkulation reproduziert.«[71] Um diesem Trauma – wie es z.B. die nationalsozialistische Vergangenheit Deutschlands darstellt – zu begegnen und es in einer angemessenen Weise zu be- und verarbeiten, müsste nach Butler das Thema aufgegriffen werden, damit die Möglichkeit der Resignifizierung gegeben ist. Dies kann nicht bedeuten, mit der verfassungsmäßigen Einschränkung der Redefreiheit, wie sie im obigen Zitat

[70] Für diesen Hinweis sowie die Anregung, die im Folgenden behandelten Beispiele in diesem Kontext weiterzudenken, danke ich Annika Thiem herzlich.

[71] Butler (2006a), S. 65.

zur Sprache kommt, zu brechen. Aber es bedeutet, das Thema für andere Formen der Auseinandersetzung, z.B. komödiantische, zu öffnen.[72]

Verweisen möchte ich in diesem Zusammenhang auch auf das inzwischen aufgehobene Urteil des Landgerichts Stuttgart aus dem Jahr 2006, das den Vertrieb von Symbolen untersagt hatte, die unter Verwendung von z.B. durchgestrichenen Hakenkreuzen eine anti-nazistische Haltung des Trägers zum Ausdruck bringen sollten. Begründet wurde dieser Entscheid mit dem §86a des deutschen Strafgesetzbuchs, nach dem das Verwenden der Zeichen von verfassungswidrigen Organisationen, unter die Hakenkreuzsymbole fallen, verboten ist. Das Symbol des Hakenkreuzes als solches trägt gerade diese Geschichtlichkeit in sich, die Butler als entscheidend für die verletzende Wirkung bezeichnet. Das kollektive Gedächtnis (nicht nur in Deutschland) verbindet damit die menschenverachtenden Geschehnisse im Nazi-Deutschland der 1930er und 1940er Jahre, so dass ein Verbot der Symbole den Versuch darstellt, eine Wiederkehr solcher Bewegungen zu verhindern. Brisant war an dieser Entscheidung des Landgerichts, dass unter Berufung auf den §86a den Bürgern die Möglichkeit genommen wurde, das eigentliche Anliegen dieses Paragraphen – das Verhindern einer Revitalisierung z.B. nationalsozialistischer Bewegungen – zu unterstützen. Damit wäre gleichzeitig eine Dekontextualisierung und Umdeutung (wie beispielsweise das Durchstreichen als Ausdruck einer Abwendung) von verletzenden Zeichen, wie Butler sie als Möglichkeit beschreibt und fordert, nicht mehr möglich gewesen.[73]

[72] Betrachtet man die Diskussion um solche sogenannten Hitler-Filme, stellt meiner Ansicht nach der 2004 erschienene Kinofilm *Der Untergang* von Bernd Eichinger eine wesentlich problematischere Bearbeitung dieses Themas dar, da er mit einem Anspruch auf Realitätsnähe in zum Teil geradezu fahrlässiger Weise bestimmte Charaktere aus ihrer realen Biographie herauslöst. Ein Beispiel dafür ist die Figur des Arztes Ernst Günther Schenck, der im Film so etwas wie das ›Gewissen des Regimes‹ darstellt, ohne dass seine Funktion in diesem Regime zur Sprache kommt.

[73] Vgl. zu diesem Urteil und dem Revisionsurteil des Bundesgerichtshofs die Erläuterungen in Buermeyer (2007).

Butler weist darauf hin, dass die rassistische Sprache ihren Ursprung nicht in einem Subjekt hat, sondern auf genau diese Geschichtlichkeit angewiesen ist, die mittels der von Derrida beschriebenen Iterabilität weitergetragen wird, welche gleichzeitig aber auch von dem Subjekt als dem vermeintlichen Ursprung der verletzenden Äußerung verdeckt wird.[74] Dies bedeutet, sich mit genau dieser Geschichte auseinanderzusetzen, wenn es darum geht, die Wirkung von Sprache zu begreifen und zu verändern.

Dieser Exkurs diente dazu, zu zeigen, wie sich Butlers theoretische Überlegungen in der (politischen) Praxis anwenden lassen; die Fallbeispiele sollten illustrieren, dass Butlers Ansatz trotz der US-amerikanischen Prägung auch für die Auseinandersetzung mit spezifisch deutschen Problemen von Nutzen ist.

Mit diesem Kapitel ist nun die Behandlung der vier für diese Arbeit zentralen Werke Butlers abgeschlossen. Die folgenden Kapitel tragen, wie zu Beginn der Arbeit erwähnt, resümierenden (Kapitel 6 und 7) bzw. ausblickenden Charakter (Kapitel 8).

---

[74] Vgl. Butler (2006a), S. 128f.

6 Performativität als Schlüsselbegriff

Die Aufgabe dieses Kapitel ist es, das Konzept der Performativität, das in allen behandelten Werken in unterschiedlichen Ausprägungen eine Rolle spielt, näher zu beleuchten. Dabei geht es vor allem darum, den Begriff in Abgrenzung zum Begriff der Performanz zu erläutern und die Reichweite, aber auch die mögliche Begrenzung dieses Konzepts darzustellen.

6.1 Performanz versus Performativität

Butler steht mit ihrer Hinwendung zur Performativität von Handlungen im Kontext einer Entwicklung, die sich in den 1990ern im Feld der Kulturwissenschaften durchzusetzen begann und als sogenannter *performative turn* bezeichnet wird. Damit ist eine Entwicklung gemeint, in der Kultur nicht mehr in erster Linie als Text oder Zeichensystem verstanden wird, wie es mit und nach dem *linguistic turn* in den 1970ern der Fall war. Dieser legte den Fokus, über die Betrachtung der Struktur von Systemen hinaus, auf die Lesbarkeit kultureller Systeme. Mit der Hinwendung zur Performativität geht dagegen ein Verständnis von Kultur einher, das diese zudem als eine Inszenierung oder Aufführung von Handlungen begreift.[1]

Dabei wird der Begriff der performativen Handlungen auf der einen Seite der Sprechakttheorie der Sprachwissenschaft entlehnt; deren zentraler Begriff der Performanz bezeichnet in Noam A. Chomskys Sprachtheorie die konkreten individuellen Sprechereignisse, die auf der Basis der (Sprach-

[1] Vgl. z.B. Fischer-Lichte (2000), S. 65ff.

)Kompetenz gebildet und ausgeführt werden (daher der englische Begriff der *performance*, der auch mit >Ausführung< übersetzt werden kann) und ist mit Saussures Konzept der *parole* vergleichbar. In den Theorien von John L. Austin und John R. Searle werden Äußerungen als performativ bezeichnet, wenn mit ihnen bestimmte Handlungen vollzogen werden. Wie in den vorangegangenen Kapiteln ausführlich beschrieben, stehen beispielsweise bei Austin diese performativen Äußerungen im Gegensatz zu konstativen Äußerungen, die bestimmte Sachverhalte lediglich beschreiben oder feststellen (und somit wahr oder falsch sein können). Das Gelingen der performativen Äußerungen beruht auf gesellschaftlichen Konventionen, die von den am Sprechakt Beteiligten gekannt und akzeptiert werden müssen. Somit geht es nicht um Wahrheitswerte, sondern um die Frage des Gelingens oder Misslingens solcher Äußerungen.[2]

Auf der anderen Seite wird dem Aspekt der Inszenierung von Handlungen innerhalb größerer gesellschaftlicher Zusammenhänge dadurch Rechnung getragen, dass die *performance* auch als >Aufführung< verstanden wird; eine These, die u.a. Erving Goffman in *The Presentation of Self in Everyday Life*[3] bezüglich des gesamten alltäglichen Handelns vertritt.

Diese dem englischen Begriff *performance* inhärente Doppeldeutigkeit macht es schwer, eine adäquate deutsche Übersetzung zu finden; zur besseren Abgrenzung verwendet Butler die Begriffe Performanz [*performance*] und Performativität [*performativity*]. In diesem Unterkapitel geht es nun zum einen um die Unterscheidung dieser beiden Begriffe und die unterschiedlichen theoretischen Konzepte, die ihnen zugrunde liegen. Zum anderen wird dargestellt, welche Rolle beide Begriffe bei Butler spielen.

Die Unterscheidung von Performanz und Performativität wird explizit in *Körper von Gewicht* formuliert, wenn Butler im Zusammenhang

[2] Vgl. z.B. Bußmann (1990), S. 567f., und Levinson (2000), S. 247ff.
[3] Goffman (1959).

mit der sozialen Geschlechtsidentität betont, dass sich »die darstellerische Realisierung [*performance*] als begrenzter ›Akt‹ [...] von der Performativität insofern [unterscheidet], als letztere in einer ständigen Wiederholung von Normen besteht, welche dem Ausführenden vorhergehen, ihn einschränken und über ihn hinausgehen«[4]. Dies ist eine bedeutsame Unterscheidung, die sich auch mit der unterschiedlichen Konzeption von Sprache – einerseits diskursiv als strukturierendes System verstanden, andererseits stärker die Sprechakte der gesellschaftlichen Subjekte betonend – verbinden lässt: Bezeichnet die Performanz die einzelnen Handlungen auf dem Gebiet der individuellen sprachlichen Handlungen und somit das, was konkret durch eine Sprechhandlung ausgelöst wird, ist mit der Performativität der diskursive Aspekt von Sprechakten gemeint, d.h. die von und mit den einzelnen Sprechakten wiederholten und diese gleichzeitig umgebenden, ihnen vorausgehenden und sie somit erst ermöglichenden Strukturen[5]. Gleichzeitig kann dieser Diskurs ohne die in reproduzierenden (und dabei verändernden) einzelnen Sprechhandlungen nicht existieren.

In diesem Sinn kann man, wie Hannelore Bublitz es tut, sagen, Butler verwende »den Begriff der Performativität im Anschluss an John L. Austin«[6], denn auch Austin geht es in seiner Sprechakttheorie um solche Sprechakte, die, auf Konventionen und Normen aufbauend, bestimmte Handlungen bewirken. Es geht Austin dabei sowohl um die konkrete Realisierung der jeweiligen Sprechakte, also um den Aspekt der Performanz, als auch um die Bedingungen für derartige Sprechakte und das, was sie zur Folge haben, z.B. unbeabsichtigte Handlungen und Veränderungen in den sie bedingenden Konventionen. Deutlicher als bei Austin sind einige

[4] Butler (1997), S. 321 [Hervorhebungen im Original].

[5] Der Begriff der Struktur ist in diesem Zusammenhang leicht misszuverstehen. Gemeint sind die auf Dauer angelegten Normen und Konventionen, die aber nichtsdestotrotz – auch in einem relativ überschaubaren Zeitrahmen – im Verlauf der Wiederholungen verändert werden (können).

[6] Bublitz (2002), S. 23.

dieser Aspekte bei Searle ausgearbeitet,[7] der bei Butler allerdings kaum Erwähnung findet.

6.2 Butlers Konzept der Performativität

Butler gründet ihr Konzept der Performativität auf den Grundgedanken Austins und weitet es auf alle individuellen und gesellschaftlichen Handlungen aus. Dabei vertritt sie die Annahme, dass die Identität eines Subjekts vermittels der Performativität hergestellt wird, dabei aber auch der Abgrenzung von dem bedarf, »was nicht performiert werden kann oder will«[8] und somit das jeweilige ›Außen‹ des Diskurses darstellt. In Verbindung mit Derridas Konzept der Iterabilität, das die Wiederholbarkeit von Zeichen – und somit, bei Butler, von gesellschaftlichen Handlungen insgesamt – zur Bedingung ihrer dauerhaften Existenz macht, stellt das Konzept der Performativität dasjenige dar, das nach Butler die Existenz als Subjekt möglich macht und seine Identität stabilisiert. In *Das Unbehagen der Geschlechter* stellt sie heraus, dass sich die »im allgemeinen konstruierten Akte, Gesten und Inszenierungen [...] insofern als *performativ* [erweisen], als das Wesen oder die Identität, die sie angeblich zum Ausdruck bringen, vielmehr durch leibliche Zeichen und andere diskursive Mittel hergestellte und aufrechterhaltene Fabrikationen/Erfindungen sind.«[9] Der Begriff der Performativität wird von Butler insgesamt ausgeweitet und so von der Sprachwissenschaft auf die Gesamtheit kultureller Phänomene übertragen. Dies liegt u.a. dann nahe, wenn ein Verständnis von Kultur zugrunde gelegt wird, das ›Kultur als Text‹ versteht. Ein derartiges Verständnis impliziert,

---

[7] Vgl. Searle (1979) sowie z.B. Levinson (2000), S. 259ff.
[8] Butler (2001), S. 136.
[9] Butler (1991), S. 200 [Hervorhebung im Original].

dass Kultur als ein Zeichensystem verstanden wird, das lesbar ist und in grundlegenden Aspekten wie Sprache funktioniert.[10]

Diese Sichtweise ist allerdings dann problematisch, wenn man den systemischen Charakter (zu) stark betont, wie es bei den Strukturalisten in Anlehnung an Ferdinand de Saussure der Fall ist: Die Annahme, dass Sprachen, auf einer synchronen Ebene betrachtet, nach einem bestimmten System funktionieren, in dem Bedeutungen über Abgrenzungen zu anderen Begriffen, also mit Hilfe von Differenzen, hergestellt werden und somit mittels eines binären Systems strukturiert sind, ist schon in linguistischer Perspektive problematisch. Übertragen auf Gesellschaften und Kulturen mit ihrer je inhärenten Dynamik besteht die Gefahr, dass wichtige Elemente bei der Betonung der strukturellen Elemente keine Beachtung finden. Zudem geht der Strukturalismus davon aus, dass bestimmte objektive Strukturen oder auch Codes dem Handeln zugrunde liegen, die aufgedeckt werden können. An dieser Stelle zeigt sich die Unvereinbarkeit von strukturalistischen Annahmen und einer Subjekttheorie, wie sie bei Butler zu finden ist, die eine strikte Trennung von Innen und Außen, Subjekt und Objekt verneint: Letztere geht davon aus, dass kein fixer Subjektkern existiert und das Subjekt zum einen in elementarer Weise von den es umgebenden Diskursen und den damit verbundenen Strukturen geprägt ist, zum anderen aber, und das ist an dieser Stelle entscheidend, diese Strukturen und Diskurse selbst prägt und durch die konkreten Handlungen im Sinn von *performances* immer wieder verändert. Letzteres ist strukturalistisch kaum zu denken, da in der dort vertretenen Konzeption die zugrunde liegenden Strukturen eine höchstens diachrone, also zeitlich sehr langfristig

[10] Dieses ›Kultur als Text‹-Verständnis geht über die von Claude Lévi-Strauss geprägte strukturalistische Kulturtheorie hinaus und stellt eine ihrer sogenannten poststrukturalistischen Weiterentwicklungen dar, die sich z.B. bei Michel Foucault finden lassen. Vgl. dazu Reckwitz (2006), S. 207ff.

angelegte, Veränderung erfahren können.[11] In *Körper von Gewicht* grenzt sich Butler beispielsweise explizit vom Strukturalismus ab, wenn sie die Annahme von Strukturen, die das Subjekt konstruieren und somit den Platz eines »vorgängigen Subjekt[s]«[12] annehmen, ablehnt und auf die Instabilitäten solcher Normen verweist.[13]

Um diesen Instabilitäten Rechnung zu tragen, greift Butler auf Derridas Auseinandersetzung mit Austin zurück, in der Derrida die mit den Wiederholungen einhergehenden Veränderungen betont, die sich mit Hilfe die Sprechakte vollziehen. Er stellt in diesem Zusammenhang heraus, dass »als paradoxe, aber unvermeidliche Konsequenz –, ein geglücktes *performative* notgedrungen ein ›*unreines*‹ *performative* ist«[14]. Dies bedeutet, dass das Wiederholen und Zitieren von Handlungen immer auch die Möglichkeit, wenn nicht sogar den Zwang der Veränderung beinhaltet und, in letzter Konsequenz, die durch den hegemonialen Diskurs hervorgebrachten gesellschaftlichen Normen stetigem Wandel unterworfen sind. Dass es immer auch um den Einfluss geht, den das einzelne Subjekt auf den es hervorbringenden Diskurs hat, macht Butler deutlich, wenn sie die performativen Äußerungen »als diskursive Hervorbringungen«[15] versteht.

Man kann also sagen, dass es zwei Formen von Wiederholungen sind, um die es Butler geht: Einerseits sind ihr, wie es schon im Zitat zur Unterscheidung von Performanz und Performativität anklang (Kapitel 6.1), die Wiederholungen von Normen wichtig, also die Reproduktion bestimmter

[11] Die Darstellung des Strukturalismus erfolgt an dieser Stelle sehr selektiv und kann in keiner Weise Anspruch auf Vollständigkeit erheben. Hinzuweisen ist zudem darauf, dass selbst in der wissenschaftlichen Literatur die Unterscheidung von Strukturalismus und Poststrukturalismus nicht immer eindeutig ist und verschiedenen Theoretiker, vor allem der zweiten Hälfte des 20. Jahrhunderts, mal der einen, mal der anderen Theorierichtung zugeordnet werden.

[12] Butler (1997), S. 31.

[13] Butler (1997), S. 32f.

[14] Derrida (1988), S. 309 [Hervorhebungen im Original].

[15] Butler (1997), S. 331.

Regeln und Strukturen. Zwar geht es ihr auch, vor allem in *Das Unbehagen der Geschlechter*, um die konkrete Performanz, wenn sie z.B. die Frage behandelt, wie (Geschlechts-)Identität nach außen getragen und dargestellt wird, doch ist diese ›Aufführung‹ nicht ohne eine Performativität zu denken, die aus bestimmten regelhaften Strukturen besteht, die konstitutiv für das Subjekt sind. Mit dieser Form der Wiederholung werden bestehende Konventionen reproduziert und stabilisiert. Andererseits spielen die Wiederholungen, von denen Derrida spricht, eine wichtige Rolle: Unter Voraussetzung der Annahme, dass eine Wiederholung nie identisch mit dem Wiederholten sein kann, öffnet sich hier der Raum für Veränderungen der herrschenden Regeln. Bei dieser Art der Wiederholung werden die Konventionen und Normen destabilisiert, verschoben und umgedeutet und eröffnen die Möglichkeit für gesellschaftliche Veränderung.

Das Konzept der Performativität kann insgesamt als der Aspekt der Praxis in Butlers Konzeption bezeichnet werden, da es dazu dient, gesellschaftliches Handeln zu erklären; die im Verlauf dieser Arbeit vorgestellten Konzepte der Sprache, des Subjekts und der Macht lassen sich dagegen als theoretische Konzeptionen philosophisch-gesellschaftswissenschaftlicher Natur bezeichnen. Das Konzept der Performativität leistet damit die Verbindung von Theorie und gesellschaftlicher Praxis, die nötig ist, um Butlers Kulturtheorie gesellschaftliche Relevanz zukommen zu lassen.

6.3 Die Performativität als verbindendes Element bei Butler

Meiner Ansicht nach stellt Butlers Konzept der Performativität nicht nur die praxeologische Seite ihrer Kulturtheorie dar; mithilfe dieses Konzepts gelingt es ihr zudem, die Sprach-, Macht- und Subjektkonzeptionen zu verbinden und zu einem zusammenhängenden Theoriegerüst zusammenzufügen, das angewendet werden kann, um gesellschaftliches Handeln zu erklären. Dabei ist es allerdings wichtig, die Reichweite und die Begrenztheit dieses Performativitätsbegriffs zu berücksichtigen, auf die ich im letzten Unterkapitel (6.4) eingehen werde.

Mit der triadischen Formel Sprache – Macht – Subjekt, die ich in der Einleitung beschrieben habe,[16] ist das Konzept der Performativität nun dahingehend verbunden, dass es die Art und Weise darstellt, wie das Subjekt (mithilfe von Sprache) agiert, Machtstrukturen festigt oder löst und durch diese Strukturen zu bestimmten (performativen) Handlungen gezwungen wird.

Butler nutzt dieses Konzept, um sowohl den Instabilitäten kultureller Prozesse als auch deren Stabilität Rechnung zu tragen. Indem sie sowohl Derridas Konzept der Iterierbarkeit als auch, vor allem in *Haß spricht*, Bourdieus Habitus-Konzept einbezieht, gelingt ihr die Vermittlung zwischen diesen beiden gegensätzlichen Aspekten. Je nach behandeltem Thema betont sie die stabilisierende Funktion für die Subjekte und den herrschenden Diskurs, die sowohl die Wiederholung von Normen und bestimmten Regeln als auch die konkrete Performanz darstellen, oder die Instabilität dieser Strukturen, die auf der verändernden Wirkung von Wiederholungen basiert. Es liegt aber immer diese doppelte Wirkung von Stabilisierung und Veränderung zugrunde, so dass damit gleichzeitig der produktive Charakter der Macht betont wird: Bringt einerseits der Diskurs die Subjekte hervor, machen diese Subjekte den Diskurs erst möglich, in dem sie die von ihm produzierten Regeln aktualisieren und umsetzen – und in beiden Fällen kommen Machtbeziehungen zum Tragen. In *Körper von Gewicht* formuliert Butler diese Wechselbeziehung folgendermaßen:

> »Die Performativität beschreibt diese Beziehung des Verwickeltseins in das, dem man sich widersetzt, dieses Wenden der Macht gegen sie selbst, um

[16] Vgl. dazu Kapitel 1 dieser Arbeit.

> alternative Modalitäten der Macht zu erzeugen [...]. Denn man bewegt sich sozusagen in der Macht, selbst wenn man gegen sie ist, wird man von ihr im Zuge ihrer Umgestaltung geformt, und es ist diese Gleichzeitigkeit, die zugleich die Bedingung unserer Parteilichkeit, das Maß unsere politischen Unwissenheit sowie die Bedingung des Handelns selbst ist.«[17]

Butler weist dabei darauf hin, dass diese Wiederholungen, mit denen die Subjekte erzeugt und die Wirkungen des Diskurses reproduziert werden, nur in seltenen Fällen als solche zu erkennen sind. Vielmehr schreiben sich die Normen in die Subjekte ein und werden von ihnen unbewusst angewendet, unter anderem, um im herrschenden Diskurs Orientierung zu erlangen und sich als gesellschaftliche Subjekte zu verorten.[18] Diese Verschleierung der wirkenden Kräfte wird auch über performative Handlungen realisiert, da diese, wie oben beschrieben, zu einem Teil aus genau diesen unbewussten Wiederholungen bestehen.

Die mit der Performativität ebenfalls verbundene Möglichkeit der Veränderung oder Subversion wirkt demzufolge aber in vielen Fällen ähnlich unbewusst wie die Reproduktion bestehender Strukturen. Die Bedeutungsverschiebungen, die u.a. eintreten, wenn Bezeichnungen wiederholt werden, müssen nicht willentlich von den jeweiligen Subjekten initiiert werden. Vielmehr ereignen sich viele dieser Verschiebungen allein deswegen, weil die Beziehung zwischen dem Signifikat und dem Signifikant arbiträr ist und sich beide nicht vollständig decken. Dies bedeutet auch, dass die mit bestimmten Begriffen bezeichneten Identitäten wenn nicht einem stetigen Wandel unterworfen, so doch instabil sind.[19]

Insgesamt verbinden sich also die drei zentralen theoretischen Konzepte Butlers mit dem Konzept der Performativität zu einer Kulturtheorie,

---

[17] Butler (1997), S. 331.
[18] Vgl. Butler (1997), S. 259.
[19] Vgl. dazu z.B. Butler (1997), S. 316ff.

die die Verbindung von strukturorientierten und veränderungsorientierten Ansätzen leistet.

6.4 Reichweite und Begrenztheit des Performativitätsbegriffs

Wie in den vorangegangenen Unterkapiteln deutlich wurde, spielt die Performativität eine wichtige Rolle für Butlers Kulturtheorie. Trotz allem muss man sorgfältig unterscheiden, in welcher Hinsicht der Begriff konstruktiv verwendet wird und inwiefern seine Verwendung zu Unschärfen in der theoretischen Konzeption führt.

Der Einbezug des Konzepts der Performativität, einschließlich des Performanz-Konzepts, stellt meiner Ansicht nach ein nützliches Vorgehen dar, wenn es darum geht, die Bedeutung von Sprache in gesellschaftlichen Zusammenhängen deutlich zu machen, d.h. zu zeigen, dass gesellschaftliches Handeln in vielen Fällen auch sprachliches Handeln ist. Zudem impliziert das linguistische Konzept der performativen Sprechakte eine starke Wechselwirkung von Sprache und Macht sowie damit verbunden die (Aus-)-Wirkung auf das Subjekt und kann genutzt werden, um die Geprägtheit des Subjekts durch Machtverhältnisse – die z.B. von hegemonialen Diskursen ausgeübt werden – zu verdeutlichen.

Indem Butler im Fall der performativen Äußerungen auf die Austin'sche Unterscheidung von Perlokution und Illokution zurückgreift und den Raum für Veränderungen betont, den perlokutionäre Sprechakte bieten, gelingt es ihr, diesen ursprünglich sprachwissenschaftlichen Begriff für eine Theorie gesellschaftlichen Handelns anwendbar zu machen. Wichtig ist, dass damit nicht alle Handlungen eines Subjekts als genuin sprachliche Handlungen begriffen werden, die es zu entschlüsseln gilt; vielmehr geht es darum, das Grundkonzept, das Austin für Sprechakte entwirft, auch in anderen Handlungen aufzuzeigen und deutlich zu machen, wie mit der diesem Konzept zugrunde liegenden Idee gesellschaftliches Handeln insgesamt erklärt werden kann.

Genau dies ist allerdings ein Aspekt, der die möglichen Grenzen des Performativitätskonzepts zeigt. Indem der Begriff des Performativen auf sehr viele verschiedene Bereiche des gesellschaftlichen Handelns ausgedehnt wird, gerät er in Gefahr, an Tragkraft zu verlieren. Zudem ist es für Butlers Konzept von entscheidender Bedeutung, dass sie die Austin'schen Überlegungen mit denen Derridas und Bourdieus verbindet, damit eine Übertragbarkeit gewährleistet ist. Wird dies – z.B. in der Rezeption – nicht berücksichtigt, erschließen sich weder die Angemessenheit noch das Potential dieses Konzepts.

In *Haß spricht* wird zudem deutlich, dass Butler die Begriffe perlokutionär, illokutionär und performativ nicht immer trennscharf verwendet; in einigen Fällen spricht sie von ›performativ‹ und legt dabei die Bedeutung von ›illokutionär‹ zugrunde,[20] was meiner Ansicht nach gerade in diesem Werk problematisch ist, da es dort auf genau diese Unterscheidungen ankommt. Indem die Begriffe nicht immer konsequent verwendet werden, bleibt an einigen Stellen unklar, in welchem Ausmaß sie die Differenz zwischen Sprechen und Handeln betont, welche die perlokutionären Äußerungen ausmacht und für ihre Argumentation bezüglich der *hate speech* von Bedeutung ist. Wenn es demgegenüber um die abgeleitete Macht des Subjekts geht, betont Butler die Möglichkeit des Subjekts, mit dem Sprechen in einer bestimmten Weise zu handeln. Dazu heißt es ebenfalls in *Haß spricht*:

> »Wenn wir festhalten, daß, wer mit Macht spricht und *das Gesagte tatsächlich geschehen läßt*, zu seinem oder ihrem Sprechen ermächtigt ist, weil er oder sie zuerst angeredet und dadurch in eine Sprachkompetenz eingeführt wur-

[20] Vgl. Butler (2006a), z.B. S. 170.

> de, dann folgt daraus, daß die Macht des sprechenden Subjekts immer in bestimmtem Maße abgeleitet ist und daß ihr Ursprung nicht im sprechenden Subjekt selbst liegt.«[21]

Wichtig ist es daher, Butler auf diese unterschiedlichen Verwendungen des Begriffs ›performativ‹ hin kritisch zu lesen und auf mögliche Unschärfen zu untersuchen. Abhängig von dem theoretischen Konzept, um das es ihr jeweils geht, scheint sie die Begriffe mit unterschiedlicher Sorgfalt einzusetzen.

Im folgenden Kapitel werden nun die drei theoretischen Konzepte noch einmal resümierend dargestellt, bevor ich im letzten Kapitel dieser Arbeit die Ergebnisse nutzen möchte, um einen Ausblick zu geben, wie Butlers Theorie mit der Bourdieus zusammengebracht werden könnte.

---

[21] Butler (2006a), S. 58 [Hervorhebung A.-L.M].

7 Zusammenfassung der Ergebnisse

In diesem Kapitel werden die in den vorangegangenen Kapiteln gewonnenen Erkenntnisse zusammengetragen und Butlers Konzepte der Sprache, der Macht und des Subjekts noch einmal prägnanter dargestellt. Zudem wird der Aspekt der Performativität als das praxeologische Element der Theorie mit diesen drei Konzepten zusammengebracht.

7.1 Sprache, Macht und Subjekt bei Judith Butler

Meiner Ansicht nach lässt sich in Butlers Arbeit eine Verschiebung des Fokus aufweisen, und zwar dahingehend, dass zuerst, prominent in *Das Unbehagen der Geschlechter*, die Konstruktion und Konstitution von bestimmten sozialen Identitäten, dargestellt am Beispiel der Geschlechtsidentität, im Zentrum stehen. Dies bedeutet, dass es zu Beginn von Butlers Arbeit um die Frage geht, wie sich Subjektformen entwickeln, wie sie – über Diskurse und mittels bestimmter Machtformen – die ihnen zugewiesenen Rollen annehmen oder zurückweisen und damit neue Rollen und Identitäten schaffen. Spielen Sprache – vermittels der Diskurse und der sprachlichen Zuweisungen – und Macht – vermittels der durch die hegemonialen Positionen im Diskurs ausgeübten Enflüsse – eine wichtige Rolle, steht doch insgesamt die Veränderbarkeit von Subjekten und Identitäten im Vordergrund. Das letzte der hier behandelten Werke, *Haß spricht*, beschäftigt sich dagegen mit der Rolle der Sprache, insbesondere der performativen

Sprechakte, und deren Auswirkungen auf Machtverhältnisse, Positionen im Diskurs und damit auch auf die (sprachlich konstituierten) Subjekte. In den beiden anderen Texten *Körper von Gewicht* und *Psyche der Macht* liegt der Fokus auf der diskursiven Prägung der vermeintlich natürlichen Körper und Identitäten und auf den damit verbundenen Prozessen, die die Subjektivation verschleiern.

Dies zeigt zwei Dinge: 1. die unterschiedliche inhaltliche Schwerpunktsetzung bezüglich der theoretischen Konzepte, 2. die gleichzeitige relative Stabilität der Wichtigkeit dieser drei Teilelemente für die von ihr formulierte Kulturtheorie. Ihre im Lauf der vergangenen drei Jahre in den USA erschienenen Bücher *Giving an Account of Oneself* und *Precarious Life* zeigen zudem, dass sich ein weiterer Aspekt in allen Texten finden lässt, nämlich die Verbindung von theoretischen Konzepten und praktischen Anwendungen und Fallbeispielen. Dies ist meines Erachtens Ausdruck für Butlers Anspruch, gesellschaftliche Phänomene und Prozesse nachzuvollziehen, zu erklären sowie alternative Handlungsmöglichkeiten aufzuzeigen.

Im Folgenden werden nun die drei theoretischen Konzepte noch einmal einzeln behandelt und die Kernpunkte festgehalten, bevor ich im zweiten Unterkapitel auf die Wechselwirkungen zwischen den Konzepten eingehen werde, die meiner Ansicht nach mit Hilfe des Konzepts der Performativität auch theoretisch beschrieben werden können. Das dritte Unterkapitel stellt ein Fazit dieser Arbeit dar.

7.1.1 Das Konzept der Sprache

Wie sich im Verlauf dieser Arbeit gezeigt hat, baut Butlers Konzept der Sprache in entscheidender Weise auf Foucaults Diskursbegriff und der-Sprechakttheorie der Linguistik auf. Dabei geht es in den früheren Arbeiten *Das Unbehagen der Geschlechter* und *Körper von Gewicht* vor allem um die Gesamtheit der sprachlichen Handlungen, die innerhalb eines herrschenden Diskurses die Konstituierung des Subjekts bestimmen. In Anlehnung an Foucault wird dabei der Diskursbegriff verwendet, allerdings geht Butler insofern über Foucaults Verständnis von Diskurs hinaus, als sie damit ein strukturierendes System bezeichnet, das sinngebend für die Subjekte ist. Damit nähert sie sich mit ihrem Diskursbegriff meiner Ansicht nach dem Begriff des Dispositivs bei Foucault an, welcher »Gesagtes und Ungesagtes«[1] umfasst. Wenn sie von Diskurs spricht, ist demnach immer mitzudenken, dass es sich um den vorherrschenden, d.h. hegemonialen Diskurs handelt, der intelligible Subjekte hervorbringt und deren Handeln strukturiert,[2] wobei er »sich in die durchgängigen und mundanen Bezeichnungsakte des sprachlichen Lebens einschreibt.«[3]

Dieser diskursive Sprachbegriff, in dessen Zusammenhang es Butler weniger um die einzelnen performativen Sprechakte und deren Wirkungen geht, ist immer auch an einen produktiven Machtbegriff gekoppelt. Dieser ist in doppelter Weise als produktiv zu verstehen: Zum einen bringen die im Diskurs wirksamen Machtbeziehungen die gesellschaftlichen Subjekte hervor, zum anderen ermöglichen diese Subjekte den Diskurs erst, da sie seine Wirkungen realisieren und aktualisieren und damit gleichzeitig die Möglichkeit besitzen, Veränderungen zu bewirken. Diesen Aspekt der Veränderung versucht Butler theoretisch zu fassen, indem sie Derridas Konzept der Iterierbarkeit aufgreift und es auf gesellschaftliches Handeln anwendet. Die Annahme, dass gesellschaftliches Handeln dabei das Wiederholen bzw. Zitieren bestimmter Regeln und Normen bedeutet, öffnet es für Modifikationen, da die Wiederholungen nach diesem Konzept nie identisch mit dem Wiederholten sind. Damit wird theoretisch begründet, wie es in ihrem Konzept – auch hier in Anlehnung an Foucault – dazu kommen

1 Foucault (1978), S. 120.
2 Vgl. Butler (2001), S. 213.
3 Butler (1991), S. 212.

kann, dass die vom herrschenden Diskurs vorgenommenen Zuschreibungen ein Potential der subversiven Aneignung von Kategorien mit sich bringen.

Geht es in *Das Unbehagen der Geschlechter* vor allem darum, wie der Diskurs bestimmte (Geschlechts-)Identitäten durch Benennungen und Wiederholungen von Normen hervorbringt, beschäftigt sich Butler in *Körper von Gewicht* zudem damit, wie mithilfe der Sprache ein ›Innen‹ des Diskurses erzeugt wird, in welchem bestimmte Identitäten und Subjektformen als intelligibel bezeichnet werden. Unter Rückgriff auf Althussers Konzept der Anrufung stellt sie dar, wie mit sprachlichen Zuweisungen eine Grenze zu einem ›Außen‹ gezogen wird, das als konstitutiv für das jeweilige Innen angesehen wird.[4] Indem sprachliche Benennungen dem Subjekt eine Identität zuweisen, werden damit gleichzeitig andere Formen der Identität ausgeschlossen und in den Bereich des Unsagbaren verwiesen. Dabei ist diese »zeitweilige Totalisierung, die von Identitätskategorien geleistet wird, ein notwendiger Irrtum.«[5] Da Begriffe die Subjekte (oder, allgemeiner, die Begriffsinhalte), die sie zu benennen beanspruchen, »nicht vollständig beschreiben«[6] können, ergibt sich der Raum für Resignifizierungen, in dem sich die Formen der Zuschreibung verändern können. Der Diskurs wird dabei als dasjenige begriffen, das aus Ketten von Handlungen besteht, und die Wiederholungen stellen die Normen eines Diskurses dar, welche als »Ketten der diskursiven Erzeugung [...] kaum als laufende Wiederholungen entzifferbar«[7] sind. Diese Verschleierung der Mechanismen führt dazu, dass die Normen eines Diskurses zumeist unbewusst angewendet und damit weitergetragen und stabilisiert werden, sofern der Raum für Veränderungen nicht genutzt wird.

---

[4] Der Begriff des ›konstitutiven Außens‹ ist dabei Derrida entlehnt. Vgl. dazu dessen *Grammatologie*.

[5] Butler (1997), S. 315f.

[6] Butler (1997), S. 316.

[7] Butler (1997), S. 259.

Die Beschäftigung mit den Wirkungen des Diskurses, die diese beiden ersten hier behandelten Werke Butlers kennzeichnet, führt wie erwähnt zu einem diskursiven Sprachkonzept, das sich stark an Foucault orientiert. In den beiden Essaysammlungen, die in den USA im selben Jahr erschienen, wird dieses Konzept weitergeführt; dabei richtet sich der Fokus in *Haß spricht* stärker auf die Wirkungen einzelner Sprechhandlungen, während es in *Psyche der Macht* um die psychische Dimension auch der sprachlichen Identitätszuschreibungen geht. In letzterem Fall verbindet Butler Althussers Konzept der Anrufung mit psychoanalytischen Ansätzen, um der Frage nachzugehen, warum eine solche Anrufung, selbst wenn sie diskriminierend ist, angenommen wird.[8] Insgesamt bleibt das Sprachkonzept jedoch in seiner Betonung des Diskurses bestehen und erfährt wenige Modifikationen.

In *Haß spricht* dagegen richtet sich Butlers Augenmerk auf die vor allem verletzende Wirkung von Sprache. Das theoretische Konzept wird daher sprechakttheoretisch erweitert: Sprachliche Äußerungen werden nicht, wie in den übrigen Werken, mit einer unmittelbar hervorbringen Wirkungen in Verbindung gebracht, wie es z.B. in Althussers Konzept der Fall ist. Vielmehr spezifiziert Butler ihr Verständnis von performativen Äußerungen dahingehend, dass sie sie unter Rückgriff auf Austin als perlokutionäre Sprechakte versteht, die bestimmte Wirkungen auch mittelbar sowie unwillentlich und unwissentlich hervorbringen bzw. entsprechende Handlungen auslösen können. Sprechen wird somit nicht in jedem Fall mit Handeln gleichgesetzt; dies eröffnet die Möglichkeit, wiederum unter Rückgriff auf Austin und Derrida, den für Resignifizierungen nötigen Raum einzubeziehen. Gleichzeitig werden die einzelnen Sprechakte innerhalb des Diskurses

---

[8] Vgl. Butler (2001), S. 91ff.

verortet, da sie auf die Existenz bestimmter Konventionen und Rituale angewiesen sind, um zu gelingen.[9]

Insgesamt lässt sich die relative Kontinuität des Sprachkonzepts von Butler festhalten. Die unterschiedlichen Gewichtungen der einzelnen Aspekte stehen in direktem Zusammenhang mit dem thematischen Schwerpunkt des jeweiligen Buches. Die zentralen Stützen ihres Konzepts sind Foucaults Diskursbegriff, Derridas Konzept der Iterierbarkeit, Althussers Anrufungs-Konzept sowie Austins Theorie der performativen Sprechakte.

7.1.2 Der Begriff der Macht

Im vorangegangenen Abschnitt wurden einige Aspekte des Butler'schen Machtkonzepts schon erwähnt. Zentral ist für Butlers Konzept zunächst einmal, dass es in Anlehnung an den Machtbegriff bei Foucault produktiven, d.h. hervorbringenden Charakter besitzt.[10] ›Macht‹ in einem solchen Sinn verstanden bedeutet, dass sie in einem doppelten Sinn hervorbringend wirkt: Zum einen bringt sie die gesellschaftlichen Subjekte mittels des Diskurses hervor, zum anderen reguliert sie diese Hervorbringung, indem die Machtbeziehungen im herrschenden Diskurs derart angelegt sind, dass sie bestimmte, als nicht intelligibel charakterisierte Identitätsformen ausschließen.[11] Damit wendet sich ein solcher Machtbegriff gegen einen traditionell soziologischen, dem es in erster Linie um die Durchsetzung von Interessen innerhalb von Gemeinschaften geht, wie es z.B. bei Max Weber in *Wirtschaft und Gesellschaft* zu finden ist. In Foucaults Theorie ist der Machtbegriff nun so angelegt, dass der Widerstand gegen diese Macht mit ihr einhergeht: »Wo es Macht gibt, gibt es Widerstand. Und doch oder vielmehr gerade deswegen liegt der Widerstand niemals

[9] Vgl. Butler (2006), z.B. S. 30, S. 46ff. und S. 59.
[10] Vgl. z.B. Foucault (1983), S. 94.
[11] Vgl. dazu Butler (1991), S. 141.

außerhalb der Macht.«[12] Die Tatsache, dass Foucault die Widerstände als den Machtbeziehungen inhärent betrachtet, führt ihn auch dazu, ihre stetige Wirkung zu betonen, die weniger zu großen Umbrüchen führt als vielmehr zu Verschiebungen und »Umgruppierungen«[13]. Dies ist für Butlers Konzept ein wichtiger Punkt, der sich in allen Werken wiederfinden lässt. Führen die Wiederholungen von sprachlichen Zuschreibungen zu Bedeutungsverschiebungen, bedeutet dies ebenfalls Verschiebungen in den Machtbeziehungen. Die Fehlaneignung und Resignifizierung von Kategorien stellt also eine Form des Widerstands dar, der die gesellschaftlichen Verhältnisse und Strukturen verändert bzw. das Potential dazu besitzt.

Geht es in *Das Unbehagen der Geschlechter* in erster Linie um die Tatsache, dass mit Hilfe bestimmter Machtbeziehungen Identitäten hervorgebracht sowie Subjekte konstituiert werden und somit soziale Intelligibilität zugesprochen wird, beschäftigt sich *Körper von Gewicht* mit den Fragen, wie diese Aus- und Einschließungsmechanismen wirken und welche Konsequenzen diese Ausschließungen mit sich bringen. Butlers Grundannahme ist auch hier, dass die im herrschenden Diskurs wirksamen Machtbeziehungen bestimmte Identitätsformen als intelligibel anerkennen und andere ausschließen, welche dann das schon erwähnte konstitutive Außen bilden. Damit werden vordergründig die bestehenden Machtverhältnisse stabilisiert, dabei allerdings die alternativen Identitätsformen erst gebildet, welchen die Möglichkeit zukommt, subversiv Veränderungen vorzunehmen. Mit der Betonung des Körpers, die schon im Titel des Buches anklingt, richtet Butler zudem das Augenmerk auf die Inkorporierung der Strukturen, d.h. darauf, wie sich die Machtbeziehungen in die Körper der Subjekte einschreiben und dort Ausdruck finden.[14]

---

[12] Foucault (1983), S. 96.
[13] Foucault (1983), S. 96.
[14] Vgl. Butler (1997), z.B. S. 22.

Sowohl in *Psyche der Macht* als auch in *Haß spricht* findet erneut eine Verschiebung des Schwerpunktes statt. Im ersten Fall stehen die (Aus-)Wirkungen der Machtbeziehungen auf die Psyche der Subjekte im Vordergrund. IIm zweiten Fall untersucht Butler die Wirkungen der verletzenden Rede und stellt heraus, dass die Macht der Zuschreibungen eine dem Subjekt vorgängige ist. Das Subjekt, das den Sprechakt ausführt, verfügt insofern lediglich über eine abgeleitete Macht, als die Wirkungen seines Sprechaktes auf Ritualen und Konventionen beruht, die es zitiert.[15] Auf Grund von Verschleierungsprozessen erscheint das Subjekt jedoch als souverän und als Ursache der Verletzungen, die vermittels der Sprache verübt werden.

In *Psyche der Macht* nimmt Butler dagegen die psychische Dimension der Machtbeziehungen als solche stärker in den Blick. Dabei betont sie die Wendung, die im Verlauf der Subjektivation vor sich geht: Eine scheinbar von außen kommende Macht, die das Subjekt konstituiert, wird verinnerlicht und macht »die Selbstidentität des Subjekts [aus]«[16]. Damit wird auch hier der doppelte Charakter von Macht deutlich: Einerseits bedingt sie das Subjekt, andererseits übt es sie aus, nachdem es als Subjekt konstituiert wurde. Dabei kann dieser »Aneignungsakt [...] eine Veränderung der Macht beinhalten, so daß die übernommene oder angeeignete Macht gegen jene Macht arbeitet, die diese Übernahme ermöglicht hat.«[17] Butler leitet aus dieser Wendung die Annahme ab, dass Macht und Widerstand miteinander einhergehen und die Handlungsfähigkeit des Subjekts aus diesem Spannungsmoment entsteht.[18]

Das Konzept der Macht ist bei Butler demnach in allen vier Werken in enger Anlehnung an Foucault zu begreifen. Unter Rückgriff auf den

[15] Vgl. Butler (2006), S. 80ff. und S. 128ff.
[16] Butler (2001), S. 9.
[17] Butler (2001), S. 17.
[18] Vgl. Butler (2001), S. 18.

bei ihm zugrunde gelegten produktiven Charakter der Macht und den inhärenten Widerstand konzipiert Butler einen Machtbegriff, nach dem das Subjekt sowohl Macht ausübt als auch durch Machtbeziehungen erst hervorgebracht wird, wobei beide Prozesse als sprachliche Prozesse zu verstehen sind.

7.1.3 Das Subjekt

Die vorangegangenen Abschnitte haben schon deutlich gemacht, in welcher Form Butlers Konzept des Subjekts von den Konzepten der Sprache und der Macht abhängig ist. Zentral ist für Butlers Subjektkonzeption, dass sie sich von dem Verständnis der Moderne abwendet und die Idee eines autonom handelnden Subjekts dekonstruiert. Das gesellschaftliche Subjekt ist ein durch den Diskurs hervorgebrachtes; diese Annahme findet sich in allen vier hier behandelten Werken wieder und bildet die Grundlage ihrer diesbezüglichen Überlegungen. Der in *Das Unbehagen der Geschlechter* formulierte Gedanke, dass das Subjekt ein Effekt des Diskurses ist,[19] wird in *Körper von Gewicht* aufgegriffen und insofern konkretisiert, als die Körperlichkeit bzw. Materialität der Subjekte im Zentrum steht. In beiden Fällen geht es (auch) um die Frage, wann und durch welche Prozeduren einem Subjekt Intelligibilität zugesprochen wird; nach Butler vollziehen sich derartige Subjektkonstitutionen mithilfe des Diskurses, über sprachliche Anrufungen und vermittels bestimmter Ausschließungsmechanismen. Zur theoretischen Fundierung greift sie auf Althussers Konzept der Anrufung zurück, das sie mit ihrem in Anlehnung an Foucault entwickelten Diskursbegriff verbindet.[20]

Die Konstitution des Subjekts durch den Diskurs ist dabei lediglich eine Seite des Prozesses. Die andere Seite wird dadurch dargestellt, dass das

[19] Vgl. Butler (1991), S. 212.
[20] Vgl. Butler (1997), z.B. S. 29ff.

Subjekt die Normen des herrschenden Diskurses realisiert, indem es sie wiederholt, und so ermöglicht, dass diese Normen ihre jeweiligen Wirkungen entfalten können.[21] Diese Wiederholungen besitzen in Butlers Konzept eine zweifache Funktion: Zum einen sind sie nötig, um die Identität des Subjekts zu stabilisieren und den Fortbestand des herrschenden Diskurses, in dem das Subjekt konstituiert wurde, zu gewährleisten. Zum anderen bieten sie die Möglichkeit für Veränderungen, sowohl der Identitäten als auch der Diskurse. Damit ist das Subjekt auf der einen Seite Effekt des Diskurses, auf der anderen Seite dessen Instrument.

Betont Butler in diesen beiden ersten Werken vor allem die Hervorbringung des Subjekts, geht es ihr in *Psyche der Macht* um die psychischen Wirkungen der Unterwerfung unter den Diskurs. Diese Unterwerfung geht mit der Subjektivation einher, da letztere in einer »grundlegenden Abhängigkeit von einem Diskurs [besteht], den wir uns nicht ausgesucht haben, der jedoch paradoxerweise erst unsere Handlungsfähigkeit ermöglicht und erhält.«[22] Die Aussicht auf eine Identität als Subjekt stellt dabei für Butler unter Rückgriff auf Althusser die Antwort auf die Frage dar, warum das Subjekt eine Anrufung annimmt, selbst wenn diese diskriminierenden Charakter besitzt.[23] Wie im zuvor beschriebenen Konzept der Macht tritt auch hier ein Verschleierungsprozess ein, der die diskursive Hervorbringung des Subjekts verdeckt.

Auch in *Haß spricht* liegt die Annahme einer Hervorbringung des Subjekts durch den Diskurs zugrunde. Anders als in den übrigen drei Werken geht es allerdings in erster Linie um die Frage, warum Sprache in einer Weise wirken kann, dass sie bestimmten Subjekten Identitäten zuweist, die diskriminierend sind, und welche Möglichkeiten des Widerstands es für die so angesprochenen Subjekte gibt. Die Möglichkeit der Subjekte, beim Voll-

[21] Vgl. Butler (1997), S. 22.
[22] Butler (2001), S. 8.
[23] Vgl. Butler (2001), S. 10f.

ziehen der Wiederholungen nicht nur die eigenen Identitätsbedingungen zu stabilisieren, sondern auch durch Bedeutungsverschiebungen Veränderungen zu bewirken (sei es bewusst oder unbewusst), wendet Butler hier also auf performative Sprechakte an, welche wiederum auf den jeweiligen Diskurs wirken.

Diese drei so beschriebenen Konzepte werden im folgenden Unterkapitel mit dem Konzept der Performativität zusammengebracht; dieses kann als das die drei theoretischen Konzepte verbindende Element bezeichnet werden.

7.2 Wechselwirkungen mit Hilfe der Performativität

Wie zum Teil schon in denen einzelnen Abschnitten des vorangegangenen Unterkapitels deutlich wurde, stehen die Konzepte der Sprache, der Macht und des Subjekts in entscheidender Hinsicht in Abhängigkeit zueinander. Meiner Ansicht nach stellt das in Kapitel 6 dieser Arbeit beschriebene Konzept der Performativität dabei die Verbindung dieser theoretischen Konzepte dar. Dadurch wird zum einen die Sicherung der Normen des herrschenden Diskurses mit Hilfe der performativen Handlungen der Subjekte gewährleistet, zum anderen kommt den Subjekten die Macht zu, durch (gezielte oder unbewusste) Fehlaneignungen dieser Normen die strukturierenden Regeln zu verändern. Gleichzeitig werden die gesellschaftlichen Subjekte erst durch bestimmte performative Äußerungen oder Handlungen als solche konstituiert.

Mit dem Konzept der Performativität werden auf diese Weise sowohl Stabilitäten als auch Instabilitäten beschrieben; um dies theoretisch zu begründen, greift Butler auf Bourdieu und Derrida zurück. Inwiefern die Wiederholung von Praktiken nicht nur stabilisieren, sondern auch destabilisieren kann, formuliert Butler in *Körper von Gewicht*, wenn sie feststellt, dass die»Wiederholbarkeit impliziert, daß die ›performative Ausführung‹ keine vereinzelte Handlung oder ein vereinzeltes Vorkommnis ist, sondern eine ritualisierte Produktion, ein Ritual, das unter Zwang und durch Zwang wiederholt wird, unter der Macht und durch die Macht des Verbots und des Tabus [...], die die Form der Produktion kontrollieren und erzwingen, die sie aber nicht [...] im voraus vollständig determinieren können.«[24]

Dabei beziehen sich die Wiederholungen nicht nur auf Praktiken im Sinn von regelmäßig vollzogenen Handlungen von Subjekten, sondern auch auf die Hervorbringung ebendieser Subjekte; der Prozess der Subjektivation erzeugt zum einen das gesellschaftliche Subjekte mit Hilfe ritualisierte Handlungen (wie der Benennung bei der Geburt), zum anderen wiederholt er auch die herrschenden Strukturen des Diskurses und strebt danach, sie zu stabilisieren. Dieser Versuch, etablierte Machtbeziehungen mithilfe von Wiederholungen zu erhalten, erzeugt nach Butlers theoretischer Konzeption gleichzeitig alternative und damit oppositionale Praktiken. Der Begriff der Performativität »beschreibt diese Beziehung des Verwickeltseins in das, dem man sich widersetzt, dieses Wenden der Macht gegen sie selbst, um alternative Modalitäten der Macht zu erzeugen«[25]. Neben diesen beiden Aspekten spielt die Performativität zudem in den sprachlichen Handlungen der Subjekte eine wichtige Rolle. Auch hier kann es sowohl zu antizipierten als auch zu unerwarteten Wirkungen kommen; diesem Aspekt trägt Butler dadurch Rechnung, dass sie vor allem in *Haß spricht* zwischen illokutionären und perlokutionären Sprechakten unterscheidet.

Das Konzept der Performativität wird benutzt, um die beschriebenen Wechselwirkungen zwischen den verschiedenen Konzepten auch theore-

---

[24] Butler (1997), S. 139.
[25] Butler (1997), S. 331.

tisch zu fassen und es somit nutzen zu können, um gesellschaftliche Phänomene und Prozesse in ihrer Komplexität beschreiben zu können. Um auf das von mir in der Einleitung verwendete Beispiel einer auf dem Kopf stehenden Pyramide zurückzukommen, zeigt sich anhand der Auseinandersetzung mit Butlers Konzepten, dass das Konzept der Performativität diese Pyramide netzartig durchzieht und die Verbindungen zwischen den verschiedenen Konzepten herstellt.

7.3 Fazit

Die zu Beginn dieser Arbeit formulierte These, nach der das Konzept der Sprache für Butlers Kulturtheorie von entscheidender Bedeutung ist, hat sich im Zuge der Auseinandersetzung mit ihren Werken bestätigt. Meiner Ansicht nach sind die anderen hier behandelten Konzepte – der Macht, des Subjekts und der Performativität – nicht ohne dieses Sprachkonzept zu denken, und es hat sich gezeigt, welche Bedeutung dieser Sprachtheorie für ihre Theorie gesellschaftlichen Handelns zukommt. Gerade in der Beschäftigung mit *Haß spricht* wurde deutlich, in welcher Form sprachphilosophische Konzepte genutzt werden können, um gesellschaftliche Phänomene und Prozesse zu erklären. Dabei ist zu beachten, dass die in dieser Essaysammlung zu verzeichnende Hinwendung Butlers zu dem rituellen Charakter von Praktiken – vor allem unter Bezugnahme auf Austin und Bourdieu – zu einer wichtigen Modifizierung ihrer Kulturtheorie führt.[26] Stehen in den übrigen drei Werken vor allem die Instabilitäten im Vordergrund, durch die sich in Butlers Perspektive derartige Praktiken auszeichnen, trägt sie in *Haß spricht* der Tatsache Rechnung, dass Gesellschaften zu einem Gutteil auf Handlungen aufbauen, die Normen reproduzieren und stabilisieren. Anders ist die zu beobachtende relative Stabi-

[26] Zum Aspekt der ›Unberechenbarkeit sozialer Praktiken‹ bei Butler vgl. auch Reckwitz (2004).

lität gesellschaftlicher Phänomene nicht zu erklären, genauso wie andererseits eine Praxistheorie, die nur die Stabilitäten im Blick, gesellschaftliche Veränderungen nicht angemessen erklären kann. In welcher Form Butler in diesem Sinn weitergedacht werden kann, ist (auch) Thema des folgenden Kapitels.

Ein weiteres Resultat der hier vorgenommenen Auseinandersetzung mit Butlers Texten ist, dass die in der Rezeption verbreitete Reduktion Butlers auf eine *gender*-Theorie unzulässig ist. Butler kann, wie ich gezeigt habe, unter einer allgemein kulturtheoretischen Fragestellung gelesen werden, in deren Kontext den von ihr ohne Zweifel häufig verwendeten Beispielen zum Thema der Geschlechtsidentitäten erklärender Charakter zukommt. Dies bedeutet nicht, der Frage nach der Geschlechtsidentität und der Diskussion um *sex* und *gender* ihre Berechtigung absprechen zu wollen; es besagt vielmehr, dass Butler auch mit einem anderen Fokus bzw. einer allgemeineren Fragestellung gelesen werden *kann* und es möglich ist, ihre Theorie so auch in anderen Bereiche anzuwenden.

Die Verortung dieser Arbeit in der Soziologie ist meiner Ansicht nach nicht zuletzt aufgrund dieser genannten Aspekte plausibel. Gerade die Auseinandersetzung Butlers mit Bourdieu in *Haß spricht* bietet zudem die Möglichkeit, Butler stärker gesellschaftstheoretisch weiterzudenken und der Frage nachzugehen, wie sich ihre Kulturtheorie mit als genuin soziologisch anerkannten Ansätzen zusammenbringen lässt. Das folgende Kapitel dient nun dazu, ein Vorgehen zu skizzieren, das Butler und Bourdieu in einer produktiven Form zusammenzudenken versucht.

8 Butler und Bourdieu – ein Ausblick

Dieses Kapitel dient dazu, die Ergebnisse der Arbeit ein weiteres Mal aufzugreifen, um zu skizzieren, wie eine daran anschließende Beschäftigung mit Butlers Kulturtheorie aussehen könnte. Der Fokus liegt dabei auf einer Verbindung des Butler'schen Ansatzes mit Pierre Bourdieus Theorie der Praxis unter der Betonung der jeweils angewandten Sprachkonzepte. Bourdieus Theorie soll an dieser Stelle nicht ausführlich dargestellt werden, es geht vielmehr darum, die zugrunde liegenden Ideen beider Ansätze auf eine produktive Weise zusammenzubringen.

Stabilität und Dynamik sozialer Praktiken

Butler betont in ihrer Auseinandersetzung mit gesellschaftlichen Phänomenen die Dynamik, die ihnen innewohnt. Am Beispiel das Sprachkonzepts wird deutlich, dass die »Unberechenbarkeit sozialer Praktiken«[1] ein zentrales Element ihrer Kulturtheorie darstellt. Indem sie die Handlungen der Subjekte als *performances* versteht, konzipiert sie die Wiederholungen von Konventionen, Normen u.Ä. derart, dass das ihnen inhärente Potential der Veränderung ihr zentrales Charakteristikum ist. Die Reproduktion als solche ist nach Butlers Konzeption notwendig, damit die Normen eines Diskurses wiederholt und weitergetragen werden und so der Diskurs stabilisiert wird. Die Normen wiederum stellen die Grundlage dar, auf der Subjekte als ›intelligibel‹ konstituiert werden – bzw. dass ein Ausschluss

[1] Reckwitz (2004), S. 47.

aus dem herrschenden Diskurs stattfindet, mit der Folge, dass eine Identität als ›unsagbares Subjekt‹ im Außen des Diskurses konstruiert wird. Man kann Butlers These nun so formulieren, dass die Reproduktion von Regeln zwangsläufig mit Veränderungen einhergeht, sie diese in Anlehnung an Derrida somit als zwangsläufige Effekte dieser Reproduktion versteht.

In allen hier behandelten Werken kommt dieser Möglichkeit der Veränderung und damit der Instabilität sozialer Beziehungen ein derartiges Gewicht zu, dass es den Anschein hat, als würden sich die Beziehungen zwischen Subjekten sowie ihre Identitäten *als* Subjekte allein durch diese Instabilitäten und durch eine stetige Neuformulierung der Identität auszeichnen. In der Abgrenzung von z.B. strukturalistischen Ansätzen mag eine Betonung der Dynamiken wichtig und richtig sein; eine Außerachtlassung der relativ stabilen Strukturen sollte dies aber nicht bedeuten. Stabilität scheint Butler vor allem der Tatsache zuzusprechen, dass der herrschende Diskurs und mit ihm die als intelligibel bezeichneten Subjekte ein Außen schaffen, das für die Definition der Intelligibilität und der im Diskurs herrschenden Regeln und Normen konstitutiv ist.[2] Dies führt Butler aber selten dazu, diese Prozeduren, die Stabilität gewährleisten, näher zu betrachten; vielmehr richtet sich ihr Blick auf die Subjekte, die sich in diesem konstitutiven Außen befinden und bestrebt sind, das Diskursinnere dahingehend zu modifizieren, dass es sie aufnimmt.

Richtet man den Blick auf Butlers Diskursbegriff, wird aber deutlich, dass der Diskurs als ein strukturierender Mechanismus angelegt ist. Die Machtbeziehungen, die in ihm wirken, sind in Anlehnung an Foucault produktiv, wobei meiner Ansicht nach in ihrer Betonung der Widerstandsmöglichkeiten der regulierende Charakter des Diskurses stellenweise unbeachtet bleibt. Die Benennung als wichtiges Element der Subjektivation zeichnet sich bei Butler ebenfalls auch und gerade dadurch aus, dass sie die

[2] Vgl. z.B. Butler (2001), S. 31.

Möglichkeit der Resignifizierung, also der Veränderung, bietet. Die Tatsache, dass diese Benennung, die eine Identitätszuweisung bedeutet, das Subjekt reguliert, indem sie andere Formen der Identität ausschließt, dient Butler als Ansatzpunkt für ein Konzept des subversiven Handelns,[3] nicht aber dazu, diese regulierenden Mechanismen näher zu betrachten.[4]

Habitus und Diskurs

Um die Stabilitäten und den rituellen Charakter der Handlungen der Subjekte stärker in den Blick nehmen zu können, als Butler es tut, schlage ich vor, ihre am Ende von *Haß spricht* vorgenommene Rezeption Bourdieus aufzugreifen und dessen Konzepte des Habitus und des sprachlichen Kapitals mit der Theorie Butlers zu verbinden. Bei Butler heißt es in *Haß spricht*, dass die »Anrufungen, die ein Subjekt in die Existenz rufen, d.h. gesellschaftliche performative Äußerungen, die mit der Zeit ritualisiert und sedimentiert worden sind, [...] für den Prozess der Subjektbildung ebenso zentral [sind] wie der verkörperte, partizipatorische Habitus.«[5] Dadurch findet meines Erachtens eine Verbindung von Althussers Anrufungskonzept und Bourdieus Habitus-Konzept statt, mit dem Ziel, den Blick stärker auf die identitätsstabilisierenden Faktoren zu richten.

Dabei verfügen die Konzepte des Habitus bei Bourdieu und des Diskurses bei Butler über eine ähnliche Grundstruktur: Wird der Habitus von Bourdieu als »strukturierte und strukturierende Struktur«[6] bezeichnet, ist bei Butler das Konzept der Sprache – insbesondere des Diskurses – ebenso angelegt, da auf der einen Seite die Sprache strukturierend auf die Subjekte wirkt, auf der anderen Seite diese den Diskurs strukturieren. Ebenso

[3] Vgl. z.B. Butler (1997), S. 29-33.

[4] Selbst in *Psyche der Macht*, das sich mit den Wirkungen von Machtbeziehungen auf das Innere des Subjekts beschäftigt, geht es in erster Linie um die Frage, wo der Widerstand zu verorten ist, der mit der regulierenden Macht einhergeht.

[5] Butler (2006), S. 240.

[6] Bourdieu (1987), S. 280.

betonen sowohl Butler als auch Bourdieu den Aspekt der Inkorporierung: Schreibt sich bei Bourdieu der Habitus in die Hexis ein, findet bei Butler eine »Materialisierung von Normen«[7] im Körper des Subjekts statt. Dabei lagern sich die Normen nach Bourdieus Konzeption im Körper ab – Butler spricht davon, dass sie sedimentieren –, werden dort konserviert und zeigen sich im Habitus. Butler greift zur Beschreibung des Prozesses der Inkorporierung auf das Habitus-Konzept zurück, um es mit der Performativität zu verbinden: »Der körperliche Habitus stellt in ebendiesem Sinne eine stillschweigende Form von Performativität dar, eine Zitatenkette, die auf der Ebene des Körpers gelebt und geglaubt wird.«[8] Zentral ist für Bourdieu allerdings, wie sich am Konzept des Habitus zeigt, dass die Individuen sich tradierter Verhaltensmuster bedienen und diese selbst dann noch (unbewusst) reproduzieren, wenn sie der aktuellen Situation an sich nicht mehr angemessen sind.[9] Während Bourdieu den Körper somit als den Ort betrachtet, an dem sich die verinnerlichten Konventionen und Normen materialisieren, stellt für Butlers Argumentation gerade dieser Prozess der Sedimentierung das Moment dar, an dem durch Fehlaneignungen die für sie zentralen Verschiebungen und Veränderungen eintreten (können).[10]

Meiner Ansicht nach betonen sowohl Butler als auch Bourdieu zwei entscheidende Aspekte: Die Tatsache, dass bestimmte Vorstellungen (wie z.B. die heterosexuelle Geschlechtermatrix) und die damit verbundenen Praktiken über einen langen Zeitraum stabil sind und auch dann noch (implizit) zum Ausdruck kommen, wenn sich die Lebensformen entsprechend verändert haben,[11] zeigt die Relevanz von Bourdieus Konzept. Gleichzeitig

[7] Butler (1997), S. 40.

[8] Butler (2006a), S. 242.

[9] Ein prominentes Beispiel in diesem Zusammenhang ist der sogenannte ›verarmte Adlige‹, dessen Umgangsformen der adligen Herkunft entsprechen, während die reale Lebenssituation sich z.B. nicht von der eines Fabrikarbeiters unterscheidet.

[10] Vgl. zu diesem Punkt auch Bublitz (2002), S. 96.

[11] Das sich verändernde Rollenverhältnis zwischen Frauen und Männern und die damit verbundene Diskussion zeigt meiner Meinung nach recht anschaulich, wie tradierte

scheint dieses Konzept kurz- und mittelfristige gesellschaftliche Veränderungen sowie gezielte Umdeutungsprozesse nicht adäquat erklären zu können. Nach der Logik des Habitus-Konzepts lassen sich Veränderungen nur so erklären, dass die Reproduktionen von Verhaltensweisen keine vollständig identischen Wiederholungen darstellen und somit langfristig zu Modifikationen führen können, diese aber unbewusst stattfinden. Butler dagegen geht davon aus, dass Wiederholungen in keinem Fall identisch sind und so in jedem Fall Verschiebungen auftreten, die auch gezielt antizipiert werden können. So ist in ihrer Argumentation die Subversion bestehender Regelsysteme ein wichtiges Charakteristikum sozialer Praktiken. Nichtsdestotrotz ist auch Butlers Fokussierung einer solchen Dynamik angreifbar: Gesellschaftliches Zusammenleben und gesellschaftliche Subjekte sind auf Stabilität angewiesen, und eine Theorie gesellschaftlichen Handelns muss auch diese beharrenden Strukturen in den Blick nehmen, um der Komplexität von Gesellschaften Rechnung zu tragen.

Berücksichtigen muss man bei dieser Kritik, dass in den hier vorgestellten Konzepten die Erklärung von Veränderungen gerade nicht das Anliegen Bourdieus ist, sie aber gerade das Anliegen Butlers darstellt. Trotz allem erscheint es mir wichtig und möglich, in beiden Ansätzen nach Hinweisen auf den jeweils anderen Aspekt zu suchen, um die Ansätze dahingehend zusammenzubringen, dass die Grundzüge einer Kulturtheorie vor allem postmoderner Gesellschaften sichtbar werden.

Die Konzepte der Sprache

Die unterschiedlichen Konzepte von Sprache und Sprechen können dabei verdeutlichen, in welcher Hinsicht sich Butler und Bourdieu unterscheiden

Vorstellungen gegenwärtiges Handeln prägen und ihm in Teilen zuwiderlaufen. Zudem wird daran deutlich, dass in bestimmten Fällen große Diskrepanzen zwischen der theoretisch proklamierten Position und den praktisch vollzogenen Handlungen bestehen.

und in welcher Form ihre Ansätze möglicherweise zusammengeführt werden können. Zu beachten ist allerdings, auf welchen theoretischen Ebenen jeweils argumentiert wird. Wie im Verlauf dieser Arbeit deutlich wurde, behandelt Butler in *Haß spricht* stärker die Wirkungen der Sprechakte selber und weniger die Rolle des Diskurses, die im Zentrum ihrer anderen Werke steht. Es geht also im ersten Fall um die Ebene der konkreten Sprechakte, im zweiten Fall um die Ebene des Diskurses, welcher diese Sprechakte hervorbringt. Ähnlich verhält es sich bei Bourdieu, dessen *Was heißt sprechen?* sich in einem größeren Maß mit Sprechakten und Diskursen auseinandersetzt als seine anderen Werke, denen es um Sprache im Sinn einer Kapitalform geht.

An dieser Stelle stehen diese beiden genannten Werke *Haß spricht* und *Was heißt sprechen?* im Vordergrund. An ihnen wird deutlich, dass zwei unterschiedliche Sprachkonzepte vorliegen, diese aber – ähnlich wie die beschriebene Stabilität/Instabilität-Unterscheidung – in gewisser Hinsicht zusammengebracht werden können.

Bourdieus Begriff des Diskurses unterscheidet sich von Butlers insofern, als er davon ausgeht, dass dieser »das Ergebnis eines *Kompromisses* zwischen dem *Ausdrucksstreben* und einer *Zensur* [ist], die in der Struktur des Feldes selber besteht, in dem der Diskurs entsteht und zirkuliert.«[12] Dem Diskurs wird in dieser Konzeption eine nicht so starke Funktion zugesprochen wie bei Butler; interessant ist, dass das, was Bourdieu als ›Zensur‹ bezeichnet, dem Butler'schen ›Diskurs‹ relativ nahe kommt. Diese Zensur bezeichnet die »Struktur des Feldes selber«[13], die sowohl den Ausdruck als auch die Form des Gesagten kontrolliert und Verstöße sanktioniert. Im Zusammenhang mit Butlers Diskussion der verletzenden Sprache ist Bourdieus Annahme bedeutsam, dass »diese strukturelle Zensur [...]

[12] Bourdieu (1990), S. 117 [Hervorhebungen im Original].
[13] Bourdieu (1990), S. 118.

denen, die sich auf den Positionen der Beherrschten befinden, keine andere Alternative [läßt] als zu schweigen oder, frei sprechend, Anstoß zu erregen.«[14] Bei Butler reguliert der jeweils herrschende Diskurs die Formen des Sagbaren und bestimmt die Zuweisungen der Inhalte zu den entsprechenden Begriffen. Dieser Prozess der Zuweisung kann gestört werden, wenn Resignifizierungen vorgenommen und so Veränderungen eingeleitet werden. Die Macht, sich in einer solchen Weise dem Diskurs gegenüber widerständig zu zeigen, kommt bei Butler jedem Subjekt zu, auch wenn es sich dadurch immer in die Gefahr der sozialen Ächtung begibt – oder, in Bourdieus Worten, in die Gefahr, »Anstoß zu erregen«.

Bourdieu verbindet dagegen das Sprechen in einem größeren Maß mit der sozialen Position des Subjekts. Dabei handelt es sich vor allem um die Frage des ›effektiven Sprechens‹: Dieses ist nicht allein, wie es bei Austin der Fall ist, daran geknüpft, dass der Sprecher dazu autorisiert sein muss, bestimmte performative Sprechakte auszuführen, und dass entsprechende Konventionen anerkannt werden. Vielmehr ist die Sprache bei Bourdieu ein Instrument, das eingesetzt wird, um soziale Strukturen zu festigen und Interessen durchzusetzen. Die Sprache ist dabei Ausdruck des symbolischen Kapitals, über das ein Sprecher verfügt,[15] und dient im Sinn eines Kommunikationsmittels dazu, Macht mittelbar auszuüben.[16]

Die von Bourdieu in diesem Kontext vorgenommene explizite Abgrenzung von Austin macht deutlich, dass hier ein zentraler Unterschied zu Butlers Sprachkonzept besteht. Betont Butler die der Sprache *innewohnende* Macht, wird bei Bourdieu diese Macht *vermittels* der Sprache ausgeübt. Daher stellt auch Villa heraus, dass es sich dabei »um soziale Macht im Sinne Max Webers«[17] handelt.

---

[14] Bourdieu (1990), S. 118.
[15] Vgl. Bourdieu (1990), S. 75.
[16] Vgl. Villa (2003), S. 133f.
[17] Villa (2003), S. 134.

Butler betont also den dynamischen Aspekt von Sprache und die Tatsache, dass Widerstand ausgedrückt werden kann, indem Reformulierungen vorgenommen werden. Bourdieu dagegen geht es um die gesellschaftlichen Strukturen, die mittels Sprache verstärkt bzw. stabilisiert werden und in der Sprache ihren Ausdruck finden, so dass sich sagen lässt, dass Sprache die sozialen Unterschiede der Gesellschaft abbildet.

Obwohl sich Butler an diesem Punkt explizit gegen Bourdieu ausspricht und gegen sein Konzept einwendet, dass es gesellschaftliche Veränderungen nicht erklären könne,[18] ist meiner Ansicht nach genau dieser Unterschied in der Perspektive der Punkt, an dem eine fruchtbare Auseinandersetzung mit diesen beiden Konzepten ansetzen könnte und sollte. Butlers Betonung der Möglichkeit zur Umdeutung vernachlässigt meines Erachtens in einigen Fällen, in welcher Weise sowohl das Verfügen über ein bestimmtes sprachliches Kapital als auch die soziale Position des Sprechers beeinflussen, ob dieser Sprecher überhaupt die Möglichkeit *wahrnehmen* kann, gegebenenfalls Resignifizierungen vorzunehmen bzw. wie wirksam solche Umdeutungen gesamtgesellschaftlich sind. Wenn Butler in *Haß spricht* die Forderung erhebt, dass verletzende Ausdrücke aufgenommen und umgedeutet werden sollen, erweckt dies den Eindruck, als könne durch die Aneignung dieser Ausdrücke auch deren verletzender Charakter (vollständig) abgelegt werden. Dabei stellt sich die Frage, ob der Erfolg eines solchen Umdeutungsprozesses nicht gerade auch von der sozialen Position der Subjekte abhängig ist, die solche Umdeutungen vorzunehmen versuchen. Damit geht auch die Frage einher, inwiefern z.B. die Wirkung von verletzender Rede von der Position des Sprechers abhängig ist.

Die zentrale Elemente beider Theorien herauszuarbeiten und zusammenzuführen könnte meiner Ansicht nach dazu beitragen, die Rolle der Sprache für die Gesellschaft und für Formen der sozialen Ungleichheit ge-

[18] Vgl. Butler (2006), S. 229f.

nauer zu bestimmen. Zudem könnten auf diese Weise zwei verschiedene Ebenen beleuchtet werden: Geht es Bourdieu stärker um strukturelle Unterschiede der Positionen von Gesellschaftsmitgliedern und den Zusammenhang zwischen diesen Positionen und dem Verfügen über verschiedene Kapitalformen, richtet Butler ihren Fokus stärker auf die Gesellschaftsmitglieder, die sich im ›Außen‹ des jeweiligen herrschenden Diskurses befinden, und auf deren Möglichkeit, soziale Intelligibilität zu erlangen. Beides ist meiner Ansicht nach nötig, um eine Theorie gesellschaftlichen Handelns zu formulieren, die auch komplexe Phänomene und gesellschaftliche Veränderungsprozesse erklären kann.

Abschließend möchte ich festhalten, dass es meiner Ansicht nach lohnend ist, Butler stärker in dieser Richtung weiterzudenken. Zudem kann eine derartige Beschäftigung mit Butler dazu beitragen, ihre Konzepte für die Soziologie fruchtbar zu machen und, wie eingangs formuliert, sprachphilosophische Konzepte stärker in eine Theorie gesellschaftlichen Handelns einzubetten.

Literaturverzeichnis

Althusser, Louis (1977): *Ideologie und ideologische Staatsapparate.* Hamburg, Westberlin: VSA.

Annuß, Evelyn (1998): *Judith Butler: Excitable Speech.* In: *Die Philosophin. Forum für feministische Theorie und Philosophie.* 9. Jg., Heft 17, S. 84-90.

Austin, John L. (1979): *Zur Theorie der Sprechakte (How to do things with Words).* Stuttgart: Reclam.

Barthes, Roland (2000): *Der Tod des Autors.* In: Jannidis, Fotis et al. (Hrsg.): *Texte zur Theorie der Autorschaft.* Stuttgart: Reclam, S. 185-197.

Bäuerlein, Theresa (2005): *Hass-Rapper.* In: *EMMA.* Heft 5/2005. URL: http://www.emma.de/431.html (04.06.2007).

Berman, Art (1988): *From the New Criticism to Deconstruction. The Reception of Structuralism and Poststructuralism.* Urbana, Chicago: University of Illinois Press.

Bourdieu, Pierre (1987): *Die feinen Unterschiede. Kritik der gesellschaftlichen Urteilskraft.* Frankfurt/Main: Suhrkamp.

Bourdieu, Pierre (1990): *Was heißt sprechen? Die Ökonomie des sprachlichen Tauschs.* Wien: Braumüller.

Bourdieu, Pierre (1993): *Sozialer Sinn. Kritik der theoretischen Vernunft.* Frankfurt/Main: Suhrkamp.

Braun, Edmund (Hrsg.) (1996): *Der Paradigmenwechsel in der Sprachphilosophie. Studien und Texte.* Darmstadt: Wissenschaftliche Buchgesellschaft.

Buermeyer, Ulf (2007): *BGH 3 StR 486/06 – 15. März 2007 (LG Stuttgart).* In: Strate, Gerhard (Hrsg.): *Onlinezeitschrift für Höchstrichterliche Rechtsprechung im Strafrecht.* Nr. 375. URL: http://www.hrr-strafrecht.de/hrr/3/06/3-486-06.php (04.06.2007).

Bußmann, Hadumod (1990): *Lexikon der Sprachwissenschaft.* Stuttgart: Kröner.

Butler, Judith (1987): *Subjects of Desire. Hegelian Reflections in Twentieth-Century France.* New York: Columbia University Press.

Butler, Judith (1991): *Das Unbehagen der Geschlechter.* Frankfurt/Main: Suhrkamp.

Butler, Judith (1993): *Für ein sorgfältiges Lesen.* In: Benhabib, Seyla et al. (Hrsg.): *Der Streit um Differenz. Feminismus und Postmoderne in der Gegenwart.* München: Fischer, S. 122-132.

Butler, Judith (1997): *Körper von Gewicht. Die diskursiven Grenzen des Geschlechts.* Frankfurt/Main: Suhrkamp.

Butler, Judith (2001): *Psyche der Macht. Das Subjekt der Unterwerfung.* Frankfurt/Main: Suhrkamp.

Butler, Judith (2005): *Giving an Account of Oneself.* New York: Fordham University Press.

Butler, Judith (2006a): *Haß spricht. Zur Politik des Performativen.* Frankfurt/Main: Suhrkamp.

Butler, Judith (2006b): *Precarious Life. The Powers of Mourning and Violence.* London, New York: Verso.

Derrida, Jacques (1988): *Signatur Ereignis Kontext.* In: ders.: *Randgänge der Philosophie.* Wien: Passagen, S. 291-314.

Fischer-Lichte, Erika (2000): *Vom >Text< zur >Performance<. Der >Performative turn< in den Kulturwissenschaften.* In: *Ästhetik & Kommunikation.* 31. Jg., Heft 110, S. 65-68.

Fischer-Lichte, Erika (2004): *Ästhetik des Performativen.* Frankfurt/Main: Suhrkamp.

Foucault, Michel (1978): *Dispositive der Macht. Michel Foucault über Sexualität, Wissen und Wahrheit.* Berlin: Merve.

Foucault, Michel (1981): *Archäologie des Wissens.* Frankfurt/Main: Suhrkamp.

Foucault, Michel (1983): *Der Wille zum Wissen. Sexualität und Wahrheit I.* Frankfurt/Main: Suhrkamp.

Foucault, Michel (1991): *Überwachen und Strafen. Die Geburt des Gefängnisses.* Frankfurt/Main: Suhrkamp.

Foucault, Michel (2000): *Was ist ein Autor?* In: Jannidis, Fotis et al. (Hrsg.): *Texte zur Theorie der Autorschaft.* Stuttgart: Reclam, S. 198-229.

Foucault, Michel (2003): *Die Ordnung des Diskurses.* München: Fischer.

Freud, Sigmund (1965): *Abriß der Psychoanalyse. Das Unbehagen in der Kultur.* Frankfurt/Main, Hamburg: Fischer.

Freud, Sigmund (1982): *Psychologie des Unbewußten. Studienausgabe Band III.* Frankfurt/Main: Fischer.

Fröhlich, Gerhard (1994): *Kapital, Habitus, Feld, Symbol. Grundbegriffe der Kulturtheorie bei Pierre Bourdieu.* In: Mörth, Ingo und Gerhard Fröhlich (Hrsg.): *Das symbolische Kapital der Lebensstile. Zur Kultursoziologie der Moderne nach Pierre Bourdieu.* Frankfurt, New York: Campus, S. 31-54.

Gillet, Robert (2006): *Kulturklassiker. Judith Butler (*1956), ›Das Unbehagen der Geschlechter‹ (1990).* In: *KulturPoetik. Zeitschrift für kulturgeschichtliche Literaturwissenschaft.* Heft 1, S. 103-113.

Harland, Richard (1987): *Superstructuralism. The Philosophy of Structuralism and Post-Structuralism.* London, New York: Methuen.

Hauskeller, Christine (2000): *Das paradoxe Subjekt. Widerstand und Unterwerfung bei Judith Butler und Michel Foucault.* Tübingen: Edition Diskord.

Kämpf, Heike (2006): *Judith Butler: Die störende Wiederkehr des kulturell Verdrängten.* In: Moebius, Stephan und Dirk Quadflieg (Hrsg.): *Kultur. Theorien der Gegenwart.* Wiesbaden: VS, S. 246-256.

Kestler, Marianne (2007): *›Mein Führer‹ von Dani Levy.* In: *Shoa.de. Zukunft braucht Erinnerung.* URL: http://www.shoa.de/content/view/620/389/ (08.06.2007).

Kirby, Vicki (2006): *Judith Butler: Live Theory.* London, New York: Continuum.

Kristeva, Julia (1975): *The System and the Speking Subject.* Lisse: The Peter de Ridder Press.

Lacan, Jacques (1968): *The Language of the Self. The Function of Language in Psychoanalysis.* Baltimore: Johns Hopkins.

Lacan, Jacques (1975): *Schriften II.* Olten, Freiburg/Brsg.: Walter.

Levinson, Stephen C. (2000): *Pragmatik.* Tübingen: Max Niemeyer.

Martenstein, Harald (2007): *Adolf auf der Couch.* In: *Die Zeit* 02/2007. URL: http://images.zeit.de/text/2007/02/Hitler-als-Popfigur (08.06.2007).

Müller, Hans-Peter (1986): *Kultur, Geschmack und Distinktion. Grundzüge der Kultursoziologe Pierre Bourdieus.* In: *Kölner Zeitschrift für Soziologie und Sozialpsychologie. Sonderheft Kultur und Gesellschaft*, S. 162-190.

Nietzsche, Friedrich (1968): *Zur Genealogie der Moral. Eine Streitschrift.* In: ders.: *Studienausgabe 4.* Frankfurt/Main, Hamburg: Fischer, S. 28-142.

Ogrzal, Timo (2000): *Das performative Gespenst der Performanz.* In: *Ästhetik & Kommunikation.* 31. Jg., Heft 110, S. 69-72.

Reckwitz, Andreas (2003): *Grundelemente einer Theorie sozialer Praktiken. Eine sozialtheoretische Perspektive.* In: *Zeitschrift für Soziologie.* Heft 4, S. 282-301.

Reckwitz, Andreas (2004): *Die Reproduktion und die Subversion sozialer Praktiken. Zugleich ein Kommentar zu Pierre Bourdieu und Judith Butler.* In: Hörning, Karl H. und Julia Reuter (Hrsg.): *Doing Culture. Neue Positionen zum Verhältnis von Kultur und sozialer Praxis.* Bielefeld: Transcript, S. 40-54.

Reckwitz, Andreas (2006a): *Das hybride Subjekt. Eine Theorie der Subjektkulturen von der bürgerlichen Moderne zur Postmoderne.* Weilerswist: Velbrück.

Reckwitz, Andreas (2006b): *Die Transformation der Kulturtheorien. Zur Entwicklung eines Theorieprogramms.* Weilerswist: Velbrück.

Rossi, Ino (1983): *From the Sociology of Symbols to the Sociology of Signs. Toward a Dialectical Sociology.* New York: Columbia University Press.

Salih, Sarah (2002): *Judith Butler.* London, New York: Routledge.

Salih, Sarah (Hrsg.) (2006): *The Judith Butler Reader.* Malden/MA, Oxford: Blackwell.

Sandbothe, Mike (2000): *Die pragmatische Wende des linguistic turn.* URL: http://www.sandbothe.net/52.html (09.05.2007).

Sarasin, Philipp (2005): *Michel Foucault zur Einführung.* Hamburg: Junius.

Searle, John R. (1979): *Sprechakte. Ein sprachphilosophischer Essay.* Frankfurt/Main: Suhrkamp.

Seitter, Walter (Hrsg.) (1974): *Michel Foucault. Von der Subversion des Wissens.* München: Hanser.

Stegmüller, Wolfgang (1987): *Hauptströmungen der Gegenwartsphilosophie. Eine kritische Einführung. Band II.* Stuttgart: Kröner.

Villa, Paula-Irene (2003): *Judith Butler.* Frankfurt/Main, New York: Campus.

Wachter, Nicole (2001): *Interferenzen. Zur Relevanz dekonstruktiver Reflexionsansätze für die Gender-Forschung.* Wien: Passagen.

Whorf, Benjamin Lee (1997): *Sprache – Denken – Wirklichkeit. Beiträge zur Metalinguistik und Sprachphilosophie.* Reinbek/Hamburg: Rowohlt.

Weber, Max (1980): *Wirtschaft und Gesellschaft. Grundriß der verstehenden Soziologie.* Tübingen: Mohr.

Zima, Peter V. (2000): *Theorie des Subjekts. Subjektivität und Identität zwischen Moderne und Postmoderne.* Tübingen, Basel: A. Francke.

Zeitfracht Medien GmbH
Ferdinand Jühlke-Straße 7
99095 Erfurt, Deutschland
produktsicherheit@kolibri360.de